Walahfrid Strabo

De cultura hortorum

REICHENAUER TEXTE UND BILDER

herausgegeben von

WALTER BERSCHIN UND TINO LICHT

13

Mattes Verlag Heidelberg
2023

Walahfrid Strabo

De cultura hortorum (Hortulus)

Das Gedicht vom Gartenbau

Eingeleitet und herausgegeben
von Walter Berschin

unter Mitarbeit
von Tino Licht

Mit Pflanzenbildern
von Claudia Erbar

und einem Beitrag «Ein Gärtchen nach Maß»
von Wolfgang Fels

Dritte, erweiterte Auflage

Mattes Verlag Heidelberg
2023

Abbildung auf dem Umschlag: Salbei; cf. Abb. 5, p. 51.

Bibliographische Information der Deutschen Nationalbibliothek

Die Deutsche Nationalbibliothek verzeichnet diese Publikation in der Deutschen Nationalbibliographie; detaillierte bibliographische Daten sind im Internet über `http://dnb.dnb.de` abrufbar.

Dieses Buch ist aus säurefreiem Papier hergestellt und entspricht den Frankfurter Forderungen zur Verwendung alterungsbeständiger Papiere für die Buchherstellung.

Druck und Buchbindearbeiten: druckhaus köthen GmbH, Köthen

Hergestellt in Deutschland · ISBN 978-3-86809-191-5

INHALT

Abb. 1 Auf einer Füllkachel des Steckborner Kachelofens, den die Reichenauer Mönche 1746–1747 erhielten (M. Früh, *Die Steckborner Kachelöfen des 18. Jahrhunderts*, Frauenfeld / Stuttgart 2005, p. 328), ist Walahfrid mit Heiligenschein beim Schreiben in einer barocken Bibliothek dargestellt. In der Kartusche unter dem Bild steht *Beatus Walafridus Strabo abbas Augiae duodecimus edit Glossam ordinariam; obiit 18. Augusti 849* «Der selige Walahfrid Strabo, zwölfter Abt der Reichenau, gibt die Glossa ordinaria heraus; er starb am 18. August 849». Als Seliger ist Walahfrid allerdings nur zeitweise verehrt worden. Richtig ist, daß er der zwölfte Reichenauer Abt war; hingegen ist der große Bibelkommentar der Glossa ordinaria nicht sein Werk, sondern das der Frühscholastiker von Laon.

WALAHFRID ALS DICHTER AM HOF LUDWIGS DES FROMMEN

Walahfrid, mit Beinamen *Strabo* «der Schieler», ist wohl im Jahr 807 in Alemannien geboren[1] und in bedrängten Verhältnissen aufgewachsen. Auf der Reichenau war er Schüler des Klosterlehrers Wetti. Schon als Fünfzehnjähriger schrieb er im Auftrag anderer Mönche lateinische Gedichte. Sein erstes größeres Werk ist die metrische Fassung einer Vision des Lehrers Wetti, die Altabt Heito von der Reichenau Ende 824 in Prosa aufgezeichnet hatte. An dieser metrischen *Visio Wettini* arbeitete Walahfrid als noch nicht ganz Achtzehnjähriger um Ostern 825 und widmete sie dem Hofkaplan Grimalt[2]. Um 826, wohl noch auf der Reichenau, verfaßte er die metrischen Legenden von Blathmac, dem irischen Königssohn, der auf der Insel Iona wieder klösterliches Leben entstehen lassen wollte und durch dänische Wikinger erschlagen wurde, sowie vom kappadozischen Martyrer Mammas, einer christlichen Orpheusgestalt[3]. Wohl nicht ganz freiwillig[4] wurde Walahfrid um 827 nach Fulda versetzt, wo unter dem Einfluß des Hrabanus Maurus exegetische Schriften entstanden[5].

Im Jahr 829 wurde Walahfrid an den Aachener Hof berufen; in seinem Gedicht über die Aachener Reiterstatue Theoderichs des Großen *(De imagine Tetrici)* schildert er die Hofgesellschaft[6]. Für St. Gallen stilisierte er 833 die dritte und definitive *Vita S. Galli*; als Fortsetzung

1 Zu diesem Geburtsjahr W.B., *Walahfrid Strabo und die Reichenau*, (Spuren 49) Marbach a.N. 2000, p. 14.

2 H. Knittel (ed.), *Heito und Walahfrid Strabo: Visio Wettini*, (RTB 12) Heidelberg [3]2009.

3 M. Pörnbacher (ed.), *Walahfrid Strabo: Zwei Legenden*, (RTB 7) Heidelberg [2]2012.

4 Das ergibt sich indirekt aus Walahfrids «Metrum Saphicum» (carm. 75), ed. E. Dümmler, Monumenta Germaniae Historica (MGH) Poetae t. 2, Berlin 1884, p. 412sq. Dazu B. Epple / W.B., *Walahfrid Strabos Lob der Reichenau*, Friedrichshafen [2]2001.

5 Einzig *sichere* Spur der Exegese Walahfrids sind die Vorreden, ed. E. Dümmler, MGH Epistolae t. 5, Berlin 1898–1899, p. 516.

6 Neue Ausgabe T. Licht (ed.), *Walahfrid Strabo, De imagine Tetrici*, (RTB 16) Heidelberg 2020.

dazu 834/838 die *Vita S. Otmari*[7]. 838 sollte Walahfrid nach dem Willen Kaiser Ludwigs die Abtei Reichenau erhalten; doch entschied sich der Konvent für Ruadhelm als Abt. Walahfrid mußte in Speyer die Entwicklung abwarten. In dieser Zeit (um 841) verfaßte er im Auftrag des Reichenauer «Scriptors» Reginbert *De exordiis et incrementis*, die erste abendländische Liturgiegeschichte[8]. 842 konnte er die Reichenau in Besitz nehmen. Er scheint als Abt in der Nachfolge der Klosterlehrer Wetti und Tatto Unterricht gegeben zu haben[9]. Auf einer Gesandtschaftsreise zu Karl dem Kahlen ertrank Walahfrid am 18. VIII. 849 «im trügerischen Sand» der Loire, wie es in seiner Reichenauer Grabschrift heißt[10]. Abt Hrabanus von Fulda schrieb ein Epitaphium, in dem er Walahfrids Beherrschung lateinischer Prosa und Poesie rühmte[11]; die Reichenauer hielten in ihrer Grabschrift fest, daß ihr Abt erst acht *lustra* (rund 40 Jahre) zählte und auf die Reichenau überführt wurde. Das schönste Denkmal haben die Reichenauer ihrem jung verstorbenen Abt gesetzt, indem sie seinen Todestag am 18. VIII. alljährlich als Gedenktag für *alle* Äbte der Reichenau begingen[12].

In den meisten Literaturgeschichten und Lexikonartikeln ist zu lesen, Walahfrid sei als *Erzieher Karls des Kahlen* im Jahr 829 nach Aachen berufen worden. Das ist erstmals 1878 als Vermutung geäußert worden und hat sich von Literaturgeschichte zu Literaturgeschichte und von

7 Zu Walahfrids Gallus- und Otmarvita W.B., *Biographie und Epochenstil im lateinischen Mittelalter* t. 3, Stuttgart ^{2}2020, p. 281–283 und 298–303.

8 De exordiis et incrementis, ed. A. Knöpfler, München 1890; ed. V. Krause, MGH Capitularia t. 2, Hannover 1897, p. 474–516.

9 Cf. W.B., «Die Schule der Reichenau», *Mittellateinische Studien* ⟨t. 1⟩, Heidelberg 2005, p. 229–235, hier p. 233; außerdem W.B./T.L. (edd.), «Metrorum iure peritus. Walahfrid Strabo als Metriklehrer», *Mittellateinisches Jahrbuch* 44, 2009, p.377-393, überarbeitet in W.B., *Mittellateinische Studien* t. 3, Heidelberg 2017, p. 109–124.

10 *Dum Ligeris bibulas transcendis missus harenas,*
Hic corpus linquens spiritu ad astra volas ...
MGH Poetae t. 2, 1884, p. 423. Die Grabschrift ist überliefert in dem unter Abt Bern (1008–1048) auf der Reichenau geschriebenen Codex Oxford, Bodleian Library Canonici Patr. lat. 222, fol. 112^{v}.

11 *Nam docuit multos, metrorum iure peritus*
Dictavit versus, prosa facundus erat ...
MGH Poetae t. 2, 1884, p. 239.

12 Walahfrids Todestag als Gedenktag aller Reichenauer Äbte: MGH Necrologia t. 1, Berlin 1888, p. 218.

Lexikonartikel zu Lexikonartikel immer mehr zur Gewißheit verfestigt, obwohl inzwischen andere Namen der Erzieher des kleinen Karl, der später den Beinamen «der Kahle» erhielt, bekannt geworden waren. Irmgard Fees hat dieses Musterstück eines Prozesses vorgeführt, wie angebliche «historische Wahrheit» entsteht[13]. Nun ist auch geklärt, wieso Walahfrid aus der Ferne als Autor für St. Gallen tätig wurde. Er befand sich eben nicht in gesicherter Stellung und mußte seine Verbindungen nach Alemannien pflegen, um dort seine Chancen zu wahren.

Wenn Walahfrid nicht als Erzieher des jüngsten Sohnes Ludwigs des Frommen fungierte, in welcher Funktion war er dann in Aachen? Die Antwort gibt seine erste größere Arbeit in Aachen, *De imagine Tetrici.* In diesem Gedicht beteiligte er sich zunächst an einer Diskussion um das vergoldete Reiterstandbild des Gotenkönigs Theoderich (in der deutschen Sage «Dietrich von Bern»), das Kaiser Karl 801 aus Ravenna hatte nach Aachen transportieren und vor seiner Pfalz aufstellen lassen. Vielleicht versuchte Walahfrid auch nur, eine Debatte in Gang zu bringen. Im zweiten Teil des Gedichts läßt Walahfrid den Aachener Hof vorbeiziehen; die wesentlichen Figuren werden mit wohldimensioniertem Lob bedacht: Ludwig der Fromme, sein ältester Sohn Lothar, der zweite Sohn Ludwig (der Deutsche), der dritte Sohn Pippin (von Aquitanien), die Kaiserin Judith mit dem kleinen Karl (dem Kahlen), der Erzkaplan Hilduin, der «große Einhart» und der «Magister» Grimalt.

Das ist etwa der Kreis, für den Walahfrid in seinen Aachener Jahren arbeitet. Hauptadressat seiner Dichtungen ist Judith (carm. 23a, 24, 26)[14]; daneben werden Lothar (carm. 63 und 76) und Karl der Kahle bedacht (carm. 28 und 64), unter dessen Namen Walahfrid auch ein Gedicht an einen Dritten geschrieben hat (carm. 30). Ferner wird der Erzkaplan Hilduin poetisch beliefert (carm. 29). Dem Universalkünstler Einhart huldigt Walahfrid dadurch, daß er dessen *Vita Karoli* mit Einlei-

13 I. Fees, «War Walahfrid Strabo der Lehrer und Erzieher Karls des Kahlen?», in *Studien zur Geschichte des Mittelalters*, (Festschrift Jürgen Petersohn) Stuttgart 2000, p. 42–61.

14 Walahfrid, carm. 23a *Ad Iudith imperatricem*, überliefert in St. Gallen 869, p. 163 in unmittelbarem Anschluß an De imagine Tetrici und deshalb wohl als Begleitgedicht zur Überreichung dieser Hofdichtung an die Kaiserin aufzufassen, enthält in v. 6 und 11 eine auffällige Parallele zur Formulierung *servitii munuscula* der Hortulus-Widmung an Grimalt (v. 429).

tung und Kapitelüberschriften versieht[15]; dem Hofkaplan Grimalt hat Walahfrid schon 825 seine *Visio Wettini* gewidmet.

Es war eine prekäre Existenz, auf die sich der 22jährige Walahfrid 829 in Aachen einließ. Zwar war der Hofdichter keine neue Erfindung; denn Karl der Große hatte sich schon gern mit Dichtern umgeben und zeitweise deren mehrere gehabt. Aber die Zeiten waren strenger und enger geworden. Außerdem stand Walahfrid allein; wir wissen von keinem weiteren Hofdichter Ludwigs des Frommen. Sollten *De imagine Tetrici* und die genannten Gedichte und Arbeiten alles sein, was aus Walahfrids Aachener Jahren erhalten ist?

DER HORTULUS ALS KUNSTWERK

Walahfrids *De cultura hortorum* ist im ganzen gesehen die erfolgreichste Lehrdichtung der Karolingerzeit. Zwar bezeugen die vier erhaltenen Handschriften aus der Zeit bis um 1100 keine starke Rezeption, und der fragmentarische Zustand der Handschriften **F** und **K** gibt zusätzlich zu denken. Im XII. Jahrhundert wird der Hortulus durch den sogenannten Macer Floridus des Odo von Meung[16] verdrängt. Aber mit dem Wiedererwachen formaler und ästhetischer Lateinkultur im deutschen Frühhumanismus des XV. Jahrhunderts beginnt eine Erfolgsgeschichte des Hortulus, die bis auf den heutigen Tag anhält.

Das Werk ist mit seinen 444 Versen nicht umfangreich; seine gepflegten Hexameter[17] sind an vielen Stellen der Verskunst Virgils, beson-

15 G. H. Pertz / G. Waitz / O. Holder-Egger (edd.), *Einhardi Vita Karoli Magni*, Hannover/Leipzig [6]1911, p. XXVIIIsq. (Walahfrids Einleitung) und p. 2sqq. (Überschriften). Nach M. M. Tischler, *Einharts Vita Karoli*. Studien zur Entstehung, Überlieferung und Rezeption t. 1, Hannover 2001, p. 425sq. ist die Bearbeitung noch eine Aachener Arbeit, also vor 838 zu datieren.

16 *Macer Floridus De viribus herbarum*, ed. L. Choulant, Leipzig 1832.

17 Sorgfältig analysiert von C. Roccaro, *Walahfrido Strabone: Hortulus*, Palermo 1979, p. 62sq. – Wie O. Schönberger, *Walahfrid Strabo: De cultura hortorum*, Stuttgart 2002, p. 79 zu der Feststellung kommt (zu v. 420) «Übrigens passen weder die Folge *virgo fide* noch die Fügung *virga fide* . . . in den Vers», ist unerfindlich. – Ungewöhnlich scheint hōc (Akk.) in v. 354 zu sein; Walahfrid nutzt hier eine Regel der Ars metrica Bedas (I 3) über Silben, die sowohl kurz als auch lang gemessen werden können (*syllabae communes*): *Septimus modus est, cum pronomen* C *littera terminatum vocalis*

ders den *Georgica*, verpflichtet. Walahfrid schreibt abwechslungsreich. Natürlich kennt er die in der lateinischen Dichtung üblichen rhetorischen Mittel wie die Alliteration (*Et coenam cyatis cogatur claudere crebris*, v. 203), die Anapher (***Nunc** opus ingeniis, docili **nunc** pectore et ore*, v. 73), die Homophonie (*Inlita ferventi creverunt tela **veneno***, v. 35), das Homoioteleuton bzw. den Reim vor Zäsur und Versende (*Quae tot bellorum, tot famosissima rerum*, v. 235), die Anadiplose (v. 420sq.)

> *Virgo fide intacta, sponsi de nomine **sponsa**,*
> ***Sponsa**, columba, domus …*,

den Litotes (***Non negat** ingenuos holerum progignere foetus*, v. 9; cf. Glosse), das Polysyndeton (*Delicias conviva capit, candor**que** sapor**que***, v. 177; zugleich mit Alliteration) usw. Mit einem Teil solcher Mittel arbeiten auch weniger begabte Poeten. Sein metrisches Können zeigt Walafrid in Versen wie 194sq., die mit Ausnahme des (obligatorisch daktylischen) fünften Versfußes aus lauter Spondeen (- -) bestehen. Sie schildern, wie stechender Kopfschmerz unter der Wermutbinde langsam, langsam abklingt:

> *Tūm mōllīs fōtōs cōnstrīngāt fāscĭă crīnēs*
> *Ēt pōst nōn mūltās ēlāpsī tēmpŏrĭs hōrās …*

Mit den Versfüßen spielt Walahfrid auch in v. 43, um das verquere Brennnesselgeflecht seines Gartengrundstücks zu schildern:

> *Spōntĕ rĕnāscēntūm cōmplēxĭbŭs ūrtīcārūm …*

Hier ist der fünfte Versfuß nicht, wie sonst im Hexameter üblich, ein Daktylus (- ˘ ˘), sondern ein Spondeus. Aber Walahfrid hat virtuos die Gesetze beachtet, unter denen in der klassischen Dichtung ein solcher *Versus spondiacus* zulässig ist[18]. Gern nutzt Walahfrid die Zäsuren des Hexameters, um Parallelen oder Gegensätze herauszustellen. Die Eli-

statim sequitur. So ist es bei Walahfrid; auf *hōc* folgt das mit Vokal beginnende Wort *acre*.

18 Cf. F. Crusius, *Römische Metrik*, München [6]1961, p. 52sq. – Zu den Finessen Walahfrids gehört auch der Gebrauch des Hypermetrums in v. 285 *Múlta per ét genera ét speciés divérsa colóresque …* Am Schluß des Verses steht eine Silbe zuviel. Dieses «zuviel» drückt die schier unendliche Fülle der Minzenarten aus. Walahfrid verwendet den Kunstgriff virgilisch klassizistisch: Die überschüssige Silbe endet auf einen Vokal; dieser wird durch den vokalischen Anlaut des folgenden Verses elidiert.

sion gebraucht er z. B. in v. 102, um sinnfällig darzustellen, wie sich eine Pflanze klammernd und hakend emporarbeitet:

Ac velut ulmum‿hedera‿implicuit cum frondibus altam …

Die Wortstellung der Hortulusverse ergibt nicht selten das, was manche Autoren seit dem Barockautor John Dryden «golden verse»[19] nennen, eine symmetrisch gesperrte Wortfolge mit dem Verb in der Mitte, wie v. 239:

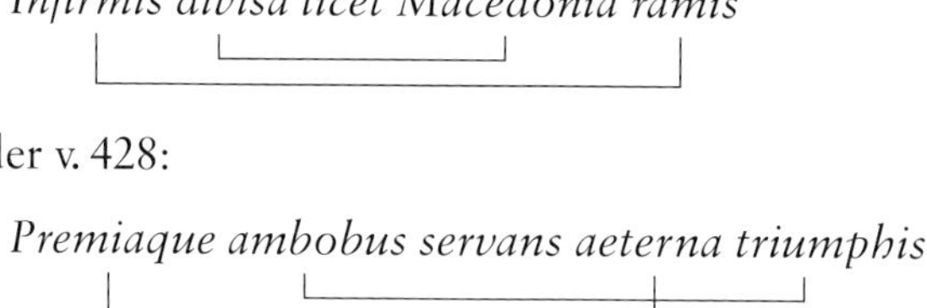

Das ist in gewissem Sinn das Lateinischste, was im Hexametervers zu leisten ist; denn in den modernen Sprachen, in denen die Wortstellung nicht mehr die archaische Freiheit der alten Sprache Latein hat, kann dies kaum nachgeahmt werden. V. 31, 35, 171, 194, 261, 336, 347, 393 und 405 sind ebenfalls «goldene Verse».

Den Satzumfang handhabt Walahfrid variabel. Neben kurzen prägnanten Sätzen, die gerade einen Vers füllen, stehen umfangreiche Perioden. Die Mühsal der Anlage eines Gartens beschreibt ein Satz von 17 Versen (v. 19–35); der Flaschenkürbis ist in einer Periode geschildert, die – durch Vergleiche aufgebläht – 13 Verse umfaßt. Ähnliches kehrt im selben Kapitel wieder: in einem Musterstück «abbildenden Stils» hat Walahfrid das nahezu uferlose Wachsen und Ranken des Flaschenkürbis nachgeformt. Die Kunst, im virgilischen Stil zu schreiben, ist zeittypisch; das IX. Jahrhundert ist eine Aetas Virgiliana[20].

Im vierten Buch der *Georgica* sagt Virgil, er müsse sein Werk abschließen, ohne den Gartenbau behandelt zu haben, und überlasse es

19 «that verse which they call Golden, of two substantives and two adjectives with a verb betwixt to keep the peace», J. Dryden, Preface to Sylvae, nach L. P. Wilkinson, *Ovid Recalled*, Cambridge 1955, p. 37.

20 Der Begriff geht zurück auf L. Traube, *Einleitung in die lateinische Philologie des Mittelalters*, München 1911, p. 113.

einem anderen, dies zu tun[21]. Das hat dann im ersten nachchristlichen Jahrhundert Columella getan, der Virgil zu Ehren dieses – und nur dieses – Buch X seines Werks *De re rustica* in 436 Versen geschrieben hat[22]. Daher stammt Walahfrids Vorstellung, welchen Umfang solch ein Werk haben dürfte; als Freund der Zahlenkomposition[23] hat Walahfrid auf 444 Verse aufgerundet; von Columellas Titel des Buchs *(Cultus hortorum)* leitet sich auch Walahfrids Titel *De cultura hortorum* her.

Die Überlieferung des Columella ist im Kern eine karolingische Geschichte. Die älteste vollständige Hs. Mailand, Biblioteca Ambrosiana L 85 sup., ist im zweiten Viertel des IX. Jhs. in Fulda geschrieben worden; die Korrekturzeichen weisen möglicherweise auf eine Benützung in Lorsch (B. Bischoff, *Katalog der festländischen Handschriften des neunten Jahrhunderts* t. 2, Wiesbaden 2004, p. 162). Aus derselben Vorlage, die man in Fulda benutzte, ist dann etwas später in Corbie der Text nochmals kopiert worden; die Hs. ist St. Petersburg Class. lat. F. v. 1 (cf. B. Munk Olsen, *L'étude des auteurs classiques latins aux XI*e *et XII*e *siècles* t. 1, Paris 1982, p. 353 [Lit.]). Für viele Jahrhunderte bleiben das die beiden einzigen kompletten Columella-Hss. Daneben sind Exzerpte überliefert. Das älteste dieser Exzerpte findet sich in St. Gallen 878.

Nächst den Autoren Virgil und Columella ist im Hortulus am auffälligsten der Arzt Quintus Serenus präsent, der im III. Jahrhundert n. Chr. (?) ein Medizinlehrbuch[24] in 1107 Hexametern schrieb, das Karl dem Großen so gefiel, daß er es durch Abschrift für die künftigen Jahrhunderte zu bewahren befahl[25]. Aus Quintus Serenus hat Walahfrid (als

21 *Praetereo atque aliis post me memoranda relinquo*, Virgil, Georg. IV 148.

22 Columella, De re rustica lib. X, edd. W. Richter / R. Heine, *Columella: Zwölf Bücher über Landwirtschaft* t. 2, München/Zürich 1982, p. 416–463.

23 Cf. H. Knittel (wie n. 2), p. 30–32 und 129.

24 Quintus Serenus, Liber medicinalis, ed. Ae. Baehrens, *Poetae latini minores* t. 3, Leipzig 1881, p. 107–158; ed. F. Vollmer, *Corpus Medicorum Latinorum* II 3, Leipzig/Berlin 1916; ed. R. Pepin, Paris 1950; ed. C. Ruffato, *La medicina in Roma antica: Il Liber medicinalis di Quinto Sereno Sammonico*, Turin 1996 (mit italienischer Übersetzung).

25 *Qui regit, haec fieri Karlus rex namque modestus*
Mandat, ut in saeclis rutilet sophisma futuris …
schreibt ein Iacobus in der Vorrede zu seiner Ausgabe (Inc. *Herbarum species, pulchras cum germine flores*; gedruckt in den Vorreden der in voriger n. zitierten Ausgaben des Quintus Serenus und MGH Poetae t. 1, 1881, p. 97sq.). Das Gedicht ist nur überliefert in der sanktgallischen Schulhandschrift Zürich C 78 aus dem späten IX. Jh. Es gilt als sicher, daß dies die Abschrift einer verlorenen Reichenauer Vorlage ist, die der Schreiber Reginbert im Verzeichnis der von ihm für die Reichenau erworbenen Bücher (a.835/842) so beschreibt: … *de arte medicinae metricis versibus Iacobus nomine ad Karolum regem scribebat …, quem mihi frater Coldvinus de-*

einzigem Autor) direkt zitiert (v. 317sq.)[26]. Eine weitere ergiebige Quelle war für Walahfrid das unter dem Namen des Apuleius laufende Buch *De herbarum virtutibus*[27]. Die meisten Parallelen des Hortulus weisen auf die *Naturalis historia* des älteren Plinius; jedoch ist es nicht sicher, daß Walahfrid das große Werk direkt zur Verfügung hatte[28]. Auffallend ist die Beschränkung, die sich Walahfrid auferlegt: Während *De herbarum virtutibus* 131 Kräuter aufführt, und Quintus Serenus 64 Krankheiten und ihre Heilmittel behandelt, schildert Walahfrid – von beiläufigen Erwähnungen abgesehen – nur 23 Gartengewächse. Er wollte offenbar nicht mit den vorhandenen Konsultationswerken in Konkurrenz treten, sondern etwas eigenes, eher den Kunstverstand Ansprechendes schaffen.

Jede der 23 Pflanzen wird bei Walahfrid mit wechselndem Schwerpunkt nach Form, Farbe, Duft, Ertrag, Geschmack beschrieben und dann in ihrem therapeutischen Wert skizziert. Magisches oder Abergläubisches, Volksbrauch und Zauberei (wovon es schon in der Antike wimmelte) kommt nicht vor. Mit etymologischen Erklärungen – auf welchem Gebiet das Mittelalter im Gefolge Isidors von Sevilla viel gelehrten Unsinn verbreitete – hat sich Walahfrid zurückgehalten[29]. Zu den 23 den Pflanzen gewidmeten Abschnitten kommen drei Einleitungs- und ein Schlußkapitel. Gleichförmigkeit der Kapitel hat Walahfrid nicht

tulit et donavit, Mittelalterliche Bibliothekskataloge Deutschlands und der Schweiz (MBK) t. 1, München 1918, p. 261. Also hat die Reichenau entweder das von Iacobus für Karl hergestellte Exemplar oder – wahrscheinlicher – eine Abschrift davon erworben. Der Überlieferungsweg des für Karl den Großen hergestellten Quintus Serenus ist also: Aachen → Reichenau → St. Gallen.

26 Die Stelle lautet bei Quintus Serenus (v. 313sq.):
Puleium quoque decoctum curabit amice.
Et potu et fotu stomacho conducit acetum.
Den zweiten hier zitierten Vers wandelt Walahfrid (cf. unten p. 82) am Schluß ab.

27 Ps. Apuleius, De herbarum virtutibus, edd. E. Howald / H. W. Sigerist, «Pseudoapulei Herbarius», *Corpus Medicorum Latinorum* t. 4, Leipzig/Berlin 1927, p. 15–225. Das Buch war auf der Reichenau vorhanden und ist im Katalog von 821/822 sowie im Verzeichnis der von Reginbert beschafften Bücher verzeichnet als *Herbarius Apulei*, MBK t. 1, 1918, p. 248 und 258.

28 An Exzerpte denkt G. Barabino, «Le fonti classiche dell' Hortulus di Valafrido Strabone», in *I classici nel medioevo e nell'umanesimo*, Genua 1975, p. 175–260, hier p. 258sq.

29 In v. 218 leitet er – mit Isidor, Etymologicae XVII 9, 83 – den Namen *gladiola* von *gladius* ab. Problematisch, aber nicht phantastisch ist die in v. 274 vorgetragene Etymologie von *papaver*.

angestrebt: Im Gegenteil; auch hier sucht er die Variatio. Das kürzeste Kapitel umfaßt fünf Verse, das längste deren 53.

Die am Anfang unserer Edition stehende 27teilige Kapitelübersicht geht mit Sicherheit auf Walahfrid zurück. Das beweist nicht nur die gute Überlieferung in **C** und **L**, sondern auch der ziemlich konstante diesbezügliche Usus Walahfrids[30] und schließlich der Anruf der Muse in der Mitte des Buchs, nämlich im 14. der insgesamt 27 Kapitel (v. 237). Mit einem Musenanruf hatte Virgil den Beginn der zweiten Hälfte seiner Aeneis (VII 37) markiert[31], den Übergang von den Irrfahrten des Aeneas (nach dem Vorbild der Odyssee) zur Eroberung Latiums (nach dem Vorbild der Ilias).

Der Blick auf die Vorbilder und Quellen Walahfrids ermöglicht es uns, das Besondere des Hortulus kontrastierend herauszuarbeiten. Virgil bringt in den *Georgica* das Agrarwissen seiner Zeit, läßt sich aber auf Medizinisches kaum ein; ebenso sein Nachfolger Columella in seinem Buch vom Gartenbau. Im Medizinlehrbuch des Quintus Serenus fehlt das Agrarische und das Ästhetische. Walahfrid verbindet in *De cultura hortorum* Naturlyrik, Botanik und Medizin und hat mit diesem Dreiklang einen neuen Typ des Gartenbuchs geschaffen.

MEDIZINISCHES IM HORTULUS

Walahfrids Hortulus hat ein ziemlich gleichzeitiges Gegenstück im *herbularius* des «St. Galler Klosterplans». Der St. Galler Klosterplan wurde um 825 auf der Reichenau für St. Gallen entworfen und ist original

30 Alle biographischen Arbeiten Walahfrids in Prosa erhielten Kapitelverzeichnisse: Vita (III) S. Galli; Vita S. Otmari; Einhart, Vita Karoli; Thegan, Vita Hludowici imperatoris. Von den beiden Lebensbeschreibungen in Versen hat die Mammas-Vita ein Kapitelverzeichnis, cf. M. Pörnbacher (wie n. 3), p. 58–60. Auch *De exordiis et incrementis* (cf. oben n. 8) hat ein solches.

31 H. Haffter, «Walahfrid Strabo und Vergil», *Schweizer Beiträge zur Allgemeinen Geschichte* 16, 1958, p. 221–228 (wieder in H. Haffter, *Et in Arcadia ego* [Gesammelte Beiträge], Baden/Schweiz 1981, p. 182–189).

erhalten[32]. Auf ihm sind vier Gartenanlagen vorgesehen: Heilkräutergarten *(herbularius)*, Kreuzgang *(claustrum)*, Gemüsegarten *(hortus)*, Baumgarten mit Friedhof der Mönche. Von den 16 Pflanzen des *herbularius*[33] auf dem Klosterplan sind neun auch im Hortulus zu finden (in der Reihenfolge und Schreibweise des Hortulus): *Salvia*, *Ruta*, … *Feniculum*, *Gladiola*, *Lybisticum*, … *Lilium*, … *Menta*, *Puleium*, … *Rosa*. Auffällig ist die Eingangsstellung des Salbeis in *beiden* Gärten. Die Lilie wird am Schluß des Hortulus ein zweites Mal zusammen mit der Rose gewürdigt; damit entsteht dieselbe prominente Konstellation wie im *herbularius* auf dem Klosterplan. Die beiden Gärten haben zweifellos miteinander zu tun.

Auf dem «St. Galler Klosterplan» hat der *herbularius* eine auffällige Lage: Er ist in der Ecke des Klostergeländes so angelegt, daß von Osten her ungehindert die Morgensonne einfällt; auch in seinem Norden ist keine Bebauung vorgesehen. Im Süden grenzt er an das Krankenhaus und im Westen an das Ärztehaus *(domus medicorum)*, das ein Schwerkrankenzimmer, den Arzneischrank und eine Arztwohnung enthält[34]. Wenn der Arzt am Morgen die Fenster nach Osten öffnet, blickt er auf Rosen und Lilien. Ein ästhetisches Element steckt also in der Konzeption des *herbularius*. Insgesamt aber ist er ein Nutzgarten für den Arzt, ein Medizinalgarten. Könnte das auch die Zweckbestimmung von Walahfrids *De cultura hortorum* gewesen sein?

32 St. Gallen, Stiftsbibliothek Ms. 1092, facs. *Der Karolingische Klosterplan von St. Gallen*, St. Gallen ^{2}1983. Kritische Edition der 334 Beischriften des Plans: W.B., *Mittellateinische Studien* ⟨t. 1⟩, 2005, p. 131–155.

33 *Mittellateinische Studien* (wie vorige n.), p. 136. Gemeinsame Quelle für Hortulus und Herbularius ist Karls d. Gr. Capitulare de villis c. 70, ed. A. Boretius, MGH Capitularia t. 1, Hannover 1883, p. 90. Cf. facs. des Cod. Guelf. 254 Helmst. in Wolfenbüttel, ed. C. Brühl, Stuttgart 1971.

34 Cf. die Beischriften, *Mittellateinische Studien*, p. 137. – Auch der Hortulus, den Walahfrid in De cultura hortorum vorstellt, ist an zwei Seiten durch Mauern begrenzt: Eine Südwand nimmt einem Teil des Gärtchens das Sonnenlicht; eine weitere Wand hält mit ihrem Vordach den Regen fern (v. 63–67). Diese Wand mit Vordach muß im Westen stehen, denn Walahfrids Garten erstreckt sich vor seiner Tür «östlich zur Sonne» (v. 33). Cf. Beitrag von W. Fels, unten p. 99–103. – Als Petrus de Crescentiis um 1300 das landwirtschaftliche Wissen des Mittelalters zusammenfaßte, empfahl er genau diese Anlage des Hausgartens: Offen nach Norden und Osten, geschlossen nach Süden und Westen. *Ad aquilonem et orientem viridarium sit patulum … Ad oppositos autem ventos, scilicet meridionalem et occidentalem sit clausum …*, Ruralia commoda VIII 1,4, ed. W. Richter, (Editiones Heidelbergenses 27) 1998, p. 12.

Die Begriffe Medikament und Arzt kommen im Hortulus an folgenden Stellen vor: *medella* «Arznei» v. 88 (Raute), *Poeonia medella* (nach Paeon, dem Arzt der Götter) v. 95, *medicamen* «Arznei» v. 260 (Lilie), *medicamen* v. 329 und *medella* v. 336 zusammen (Eppich bzw. Sellerie), *medicamen* v. 354 (Betonie), *mederi* «heilen» v. 391 (Rettich). Der *medicus* tritt v. 278 auf (Muskatellersalbei), dann wieder v. 372 (Rainfarn). Das ist keine auffällige Frequenz; zu bemerken wäre nur, daß das Medizinische in der zweiten Hälfte des Gedichts stärker hervortritt. Ein anderes Bild ergibt sich, wenn man

DIE GLOSSEN

in die Betrachtung einbezieht. Alle älteren Handschriften des Hortulus mit Ausnahme von **C** haben einen Glossenapparat. Er ist am besten in **L** überliefert. Von den 444 Versen des Hortulus sind 270 mit 1–5 Glossen versehen, die meist lateinisch, aber (zu einem Viertel) auch althochdeutsch abgefaßt sind[35]. Manche gewählte Formulierung Walahfrids wird in der Glosse direkt und unverblümt erläutert. Was meint Walahfrid mit der *ars Pestana* «Kunst von Paestum» in v. 2? Dem Kenner von Virgil und Columella ist die Junktur nicht fremd. Virgil spricht von *rosaria Paesti* «Paestums Rosengärten» (Georg. IV 119) – weil in Paestum die Rosen zweimal im Jahr blühten – und Columella greift die Formulierung auf (X 37); in beiden Fällen geht es um Grundsätzliches zum Gartenbau. Walahfrids *ars Pestana* ist also ein Signal, mit dem er zeigt, woran er anknüpfen will. Aber wie soll man das übersetzen? Trifft «der Rosenstadt Paestum Kunst» noch die Realität des frühen Mittelalters? Die Glosse weist in eine andere Richtung: *ars Pestana* = *ars medicalis* «ärztliche Kunst» (v. 2); der gesamte Nebensatz (v. 2sq.) *si quis Pestanae*

35 Diese haben besondere Aufmerksamkeit gefunden: E. Steinmeyer / E. Sievers, *Die althochdeutschen Glossen* t. 2, Berlin 1882, p. 767sq.: 106 ahd. Glossen zum Hortulus. C. Cigni, «Il Liber de cultura hortorum di Valafrido Strabone nella tradizione glossografica tedesca antica: il manoscritto Leipzig, Universitätsbibliothek, Rep. I.53», in M. Billi (ed.), *Giardini*, (Studi Anglo-Germanici 1) Viterbo 2000, p. 71–111, und «Volkssprachige und lateinische Glossierung zu Walahfrid Strabos Liber de cultura hortorum», in R. Bergmann / E. Glaser etc. (edd.), *Mittelalterliche volkssprachige Glossen*, Heidelberg 2001, p. 456: 105 ahd. Glossen (ohne Glosse 1).

deditus arti / Noverit obsceni curas tractare Priapi ist paraphrasiert *id est: si quis medicus hortorum culturam exercet* «das heißt: wenn ein Arzt den Gartenbau pflegt». Um keinen Zweifel an dieser Interpretation aufkommen zu lassen, ist bei *Pestanae* (v. 2) noch die geographische Glosse angebracht: *civitas Campaniae, ubi habundant medici* «Stadt in Kampanien, wo es Ärzte im Überfluß gibt». Die Glosse bringt Paestum (das nach unserer Geographie nicht in Kampanien, sondern in Lukanien liegt) nicht mit Rosen in Verbindung, sondern mit Medizin. Für den Glossator ist Paestum das, was wir ab dem X. Jahrhundert in Salerno lokalisieren: ein Mittelpunkt der Medizin. Paestum liegt übrigens nicht weit von Salerno. Folgten wir der Glosse, dann wären die ersten Verse so zu paraphrasieren: «Ein ruhiges Leben kennt viele schöne Beschäftigungen; nicht die geringste ist es, wenn ein Arzt den Gartenbau pflegt». Dann hätte Walahfrid sein Buch weder für den Gärtner noch für den Gartenliebhaber geschrieben, sondern für den Arzt.

Welche Autorität kann diese Interpretation für sich beanspruchen, wie nahe steht die Glossatur den Intentionen des Autors? Sie gibt Worterklärungen, teils lateinisch, teils deutsch – anfangs oft in der bei Glossen beliebten b-f-k-Geheimschrift[36] –, erläutert die grammatische Struktur schwieriger Partien, gibt Konstruktions- und Verständnishilfen, führt rhetorische Begriffe ein und erstreckt sich auch auf Sacherklärung, Mythologie und immer wieder Medizin (Glossen zu v. 95, 98, 187, 196, 208, 302). In den späteren Partien begegnet noch ein wenig Griechisch. Das Werk ist also für eine Art Studium hergerichtet worden, an dessen Spitze die Grammatik stand, wie es der Schule des frühen Mittelalters entsprach. Die Glosse ist sehr gut; fast überall, wo wir Kontrollmöglichkeiten haben, zeigt sich, daß der Glossator das Richtige getroffen hat[37]. Nach alledem dürfte das Werk des Glossators für die Interpretation Walahfrids zu beachten sein.

36 Das Prinzip der Geheimschrift ist, daß jeder der fünf Vokale durch den folgenden Konsonanten ersetzt wird, also a durch b, e durch f, i durch k ... Als Beispiel eine Glosse zu v. 5 *glarea*] *sbntstfkn* = *santstein*.

37 Allerdings entspricht die zweite Glosse zu *mando* (v. 179) kaum der Intention Walahfrids: Er will keineswegs vom Genuß der Melone abraten. Hier handelt es sich wohl um eine weniger kompetente Zusatzglosse.

ZU ENTSTEHUNGSZEIT UND -ORT

Walahfrid ist 825 als Schriftsteller hervorgetreten. Seine folgenden 24 Jahre gliedern sich in folgende Zeiträume:

826(–827?)	Mönch der Reichenau
826/827–828	In Fulda bzw. einer Dependance des Klosters
829–838	Dichter am Aachener Hof
838–842	Als vom Kaiser ernannter Abt der Reichenau im Exil
842–849	Abt der Reichenau

Die meisten Autoren datieren den Hortulus entweder in die erste oder die vorletzte/letzte der hier genannten Phasen. Für die einen ist der Hortulus ein geniales Frühwerk, für die anderen ein reifes Spätwerk. In beiden Fällen gilt als Gegenstand der Dichtung ein Reichenauer Klostergarten.

In den Eingangskapiteln beruft sich Walahfrid auf seine eigene Erfahrung sowohl in der Gartenarbeit als auch in der Gartenliteratur (v. 15–18). Ist das von einem 19jährigen Mönch zu erwarten? Im zweiten Abschnitt schildert er uns seinen Garten: Er liegt vor seiner Tür; mit der Hacke (v. 41) bearbeitet er das verwilderte Stück Land; in Krügen schleppt er Wasser herbei (v. 58). Ist das die Beschäftigung des Abts in einem Kloster mit mehr als hundert Mönchen? Aus der Widmung des Werks an Grimalt sind weitreichende Schlüsse gezogen worden. Da Grimalt als *pater* (v. 430) angesprochen werde, müsse er schon Abt (von St. Gallen, ab 841) sein; die *scola* mit den *ludentes pueri* (v. 436) müsse die Klosterschule sein – was beides nicht widerlegt zu werden braucht, da es sich um Vermutungen handelt.

Vielleicht führt eine Analyse der Symbolik des Hortulus weiter. Symbolpflanzen stehen am Ende des Werks. Da wird das Bild des Gartens transponiert in das Bild der streitenden Kirche, deren vornehmste Stände, die Martyrer und die Bekenner, in den Rosen und den Lilien[38] erkannt werden (v. 422):

38 Der Vers ist fast ein Zitat von Gregor d. Gr., Homilia 35 in evangelia c. 8: *quia sancta ecclesia electorum floribus plena habet in pace lilia, in bello rosas* (ed. R. Etaix, Turnhout 1999, p. 329; freundlicher Hinweis von Msgr. Alfons Weisser), was wiederum auf Cyprians v. Karthago epist. 10,5 fußt (ed. G. F. Diercks, Turnhout 1994, p. 55): *O vere beata mater ecclesia … Floribus eius nec rosae nec lilia desunt*. Im Römischen Brevier Lesung in der II. Nokturn des Allerheiligenfestes (unter dem Namen Bedas).

Bello carpe rosas, laeta arripe lilia pace!

Am Anfang des Hortulus (*fronte locorum*, v. 76) steht der Salbei. Die folgenden drei Verse (77–79) sagen etwas über die Erscheinung des Salbeis im Garten und seine Heilwirkung. Das ist das Schema des Hortulus überhaupt, hier freilich knapp gefüllt. Dann folgt eine merkwürdige Darlegung des Wachstums der Pflanze. Man muß den Salbei kennen, um die Symbolik zu verstehen, die Walahfrid mit ihr verbindet[39]: «Wenn nämlich der Salbeistock im Sommer verblüht ist, sterben die verblühten Zweige ab, während aus dem basalen Sproßbereich eine neue Generation junger, satt graugrün belaubter Zweige heranwächst, die den alten, verblühten Zweig verdrängen. So bleibt der Salbeistock ein kleiner, vielverzweigter Strauch, denn der jugendliche Sproß setzt den alten nicht organisch fort wie bei den Bäumen. Die *saeva progenies florum* (v. 80) ist also der basale Nachwuchs des abgeblühten Zweiges. Dieser ist gleichsam voll Haß auf den ‹Vater›, ein *civile malum*, so setzt Walahfrid hintergründig hinzu, ein gesellschaftliches und zugleich politisches Übel[40]. Die Söhne Ludwigs des Frommen bauten nämlich nicht organisch am Einheitsreich weiter, sondern verdrängten den Vater, ein Gedanke, der sich zwanglos ergibt, wenn man bedenkt, daß Walahfrid in diesen politischen Zwist hineingezogen wurde.» So stehen also am Anfang wie am Ende der Gartendichtung Walahfrids Symbolpflanzen: am Anfang der Salbeistock als politisches Gleichnis der karolingischen Herrscherfamilie, am Ende Rosen und Lilien für Martyrer und Bekenner. Am Anfang ein Bild des Reiches, am Ende ein Bild der Kirche.

Damit rückt die Aachener Zeit Walahfrids in den Fokus. Liest man den Hortulus unter der Fragestellung Hofdichtung oder Klosterdichtung, so finden sich noch mehr Stellen, die eher in das Hofmilieu als in ein Kloster passen. Es ist schon Heinz Haffter aufgefallen, daß sich nach dem Anruf der Muse Erato (v. 237) – der sich wiederholt (v. 249) und das Erscheinen einer weiteren Muse nach sich zieht (v. 324 und 342) – der Inhalt des Buchs insofern ändert, als nun blutige Wunden und Verletzungen durch Waffen zur Sprache kommen[41]: Der Kerbel hilft, wenn

39 H.-D. Stoffler, *Der Hortulus des Walahfrid Strabo*, Sigmaringen 1978, p. 9sq.

40 Die Junktur *malum civile* begegnet z. B. bei Cicero, In Catilinam IV 7.

41 Haffter (wie n. 31), p. 182–185. Ein weiteres Detail, das zum epischen Ton des zweiten Teils der Hortulus paßt, ist die Erwähnung ferner Länder. Sie fehlten im eher idyllischen ersten Teil.

«Bäche von Blut» (v. 243) den Leib benetzen; die Betonie, wenn der Kopf «von gefährlicher Wunde getroffen» (v. 355) wird; Odermennig, wenn «ein feindliches Schwert uns einmal am Körper verwundet» (v. 364); die Katzenminze bei «Verletzungswunden des Fleisches» (v. 382). Letzteres Wundermittel (in Sizilien noch als Heilmittel gegen Quallenverletzungen bekannt) läßt sogar «neues Haar» auf den «klaffenden Wunden» wachsen, wenn sie breit vernarbt sind (v. 385sq.). Welcher Mönch braucht solche Heilmittel? Sie sind eher am Hof Ludwigs des Frommen passend, für den Walahfrid neun Jahre seines Lebens – seine längste zusammenhängende Arbeitsperiode überhaupt – als Dichter gearbeitet hat.

DIE HANDSCHRIFTEN

C Die älteste Handschrift des Werks ist Rom, Vat. Reg. lat. 469, eine um 850, also bald nach Walahfrids Tod, in Fulda angelegte Sammelhandschrift, die vorwiegend Werke Walahfrids enthält. *De cultura hortorum* ist auf fol. 29^{v}–39^{r} in aufrechter, bisweilen eckiger karolingischer Minuskel von einem einzigen Schreiber gleichmäßig eingetragen und sorgfältig korrigiert[42]. Nach einem Vermerk auf fol. 1^{r} der Handschrift hat «dieses Buch der Priester Rudolf dem heiligen Bonifatius [d. i. für das Kloster Fulda] erworben»[43]; damit ist zweifellos der Rudolf von Fulda[44] gemeint, der als Klosterlehrer und Schriftsteller hervorgetreten ist († 865). Bereits im X. Jahrhundert kann die Hs. nach St. Gallen gelangt sein, wo

42 Beschrieben von A. Wilmart, *Codices Reginenses latini* t. 2, Rom 1945, p. 629–631. Fol. 29^{v}–39^{r} der Hs. sind in Originalgröße abgebildet in R. Payne / W. Blunt, *Walahfrid Strabo: Hortulus*, Pittsburgh, Pennsylvania 1966, zwischen p. 20 und 21. Zur Datierung der Hs. (um 850) W.B., in Pörnbacher (wie n. 3), p. 82sq. (Bildlegenden).

43 *Hunc librum ruodolf presbyter lucratus <est> sancto Bonifatio*; die Seite ist abgebildet bei Pörnbacher (wie n. 3), p. 82.

44 Rudolf v. Fulda schrieb um 836 das Leben der Lioba von Tauberbischofsheim (nach älterer Vorlage), verfaßte zwischen 842 und 847 eine Art Lebensbeschreibung des Hrabanus Maurus (die in der modernen Literatur *Miracula sanctorum in Fuldenses ecclesias translatorum* betitelt wird) und gegen Ende seines Lebens die *Translatio S. Alexandri*, worin er – als einziger Autor des Mittelalters – die Germania des Tacitus zitiert; cf. W.B., *Biographie und Epochenstil* t. 3, 1991, p. 258–264 und K. Nass, Art. Rudolf von Fulda, in *Verfasserlexikon*. Die deutsche Literatur des Mittelalters t. 8, Berlin/New York 1992, col. 351–356.

sie offenbar in der Klosterbibliothek jahrhundertelang aufbewahrt und 1461 im Katalog verzeichnet wurde[45]. Spätestens im Jahr 1509 faßte der ehrgeizige St. Galler Joachim von Watt (Watter, Vadianus; 1484–1551) den Plan, Walahfrids Gedicht aus diesem Codex zu publizieren; 1510 erschien seine Ausgabe beim Drucker Hieronymus Vietor in Wien. Die weitere Geschichte des vielbegehrten Codex, die über Melchior Goldast, die Reichsstadt Bremen, die Königin Christine von Schweden, die Vatikanische Bibliothek bis zur napoleonischen Kulturräuberei um 1800 und zum Wiener Kongreß führt, braucht hier nicht nachgezeichnet zu werden.

L Zweitälteste erhaltene Handschrift ist Leipzig, Universitätsbibliothek (Leihgabe der Stadtbibliothek) Rep. I 53, ein Heft[46] von elf Blättern, von denen fol. 1^r–10^r den Hortulus enthalten und zwar mit einer ausführlichen Glossatur (zum Teil althochdeutsch in alemannischer Form)[47], für die bereits bei der Linierung des Pergaments zwischen den Zeilen sowie am linken, rechten und unteren Rand des Schriftfeldes Platz vorgesehen wurde. Auf fol. 10^v–11^r folgen, vom sorgfältigen Schreiber des Hauptteils geschrieben, fünf naturwissenschaftliche Kapitel: *De speciebus resinae*, *De ventis*, *Ordo ventorum*, *De tonitruis*, *De fulminibus*. Die für damalige Verhältnisse ungewöhnlich dimensionierte, zum Quadratischen hin verbreiterte Handschrift (25 × 21,7 cm) ist nach Ausweis der Haupthand, die hin und wieder rundes s am Zeilenende zeigt, um 1000 oder zu Beginn des XI. Jahrhunderts entstanden[48] – zweifellos in einem routinierten Scriptorium, wie Spuren diplomatischen Schreibens sowie der komplizierte und dennoch übersichtliche Aufbau jeder Seite zeigen (cf. tab. 2). Auf fol. 1^r oben ist in gotischer Kursive eingetragen *Strabi Galli Poetae et Theologi Hortulus*. Und etwas kleiner:

45 MBK t. 1, 1918, p. 111: *T 9 Strabo monachus de vita sancti Mamme et de cultura ortorum.*

46 Die Zahl 33 in der linken oberen Ecke von fol. 1^r könnte darauf hinweisen, daß das Heft mit dem Hortulus ursprünglich Teil eines umfangreichen Konvoluts oder Codex war.

47 R. Bergmann / S. Stricker, *Katalog der althochdeutschen und altsächsischen Glossenhandschriften*, Berlin/New York 2005, p. 834sq. – Alemannisch ist nach Cigni, «Il Liber ...» (wie n. 35), p. 87 die Endung der Glosse *fannun* zu v. 140.

48 Laut vorgeklebtem fol. II^v war der Codex nach dem Tod des Leipziger Gelehrten Andreas Rivinus († 1656) und noch zu Lebzeiten des Zwickauer Philologen Christian Daum († 1687) in Leipzig angekommen.

Ch peutinger adnotavit. Das heißt, daß das Manuskript zur Zeit des Eintrags dem Augsburger Humanisten Konrad (= *Chuonradus*) Peutinger[49] (1465–1547) vorgelegen hat und er den Autor identifizieren konnte. Da der Titel, den Peutinger eintrug, abgesehen von einer Verkürzung, genau den Titel wiedergibt, der auf Vadians Editio princeps von 1510 steht[50], ist der Eintrag frühestens 1510 zu datieren. Die Handschrift lag wohl schon vor Peutinger in Augsburg; denn sie wurde 1463 von dem Nürnberger Hartmann Schedel während seines 'Augsburger Jahrs' abgeschrieben, sodann 1470 und 1479 abermals, diesmal von Augsburgern[51]. Es darf vermutet werden, daß die *Sodalitas litteraria Augustana*, in der Peutinger eine maßgebende Rolle spielte[52], Walahfrids Hortulus aus dieser Handschrift publiziert hätte, wenn dem nicht Vadian mit seinem Druck aus dem damals St. Galler Codex **C** zuvorgekommen wäre.

K Im Kloster Lorsch an der Bergstraße wurde in einer für den Abbatiat Salmans (972–999) charakteristischen Minuskel der Codex Rom, Vat. Pal. lat. 1519 geschrieben[53], mit Cicero, *De natura deorum*, *De divinatione* und, fol. 85^{v}–88^{v}, Walahfrids Hortulus. Wegen Blattverlust ist das Werk hier am Ende unvollständig. Der orthographisch nachlässige

49 Zu Peutingers persönlicher Handschrift (und auch der Schreibung seines Vornamens als *Chuonradus*) cf. H.-J. Künast / H. Zäh, *Die Bibliothek Konrad Peutingers* t. 1, Tübingen 2003, tab. 3.

50 Cf. unten p. 32 und tab. 3 auf p. 34. In Peutingers Bibliothek stand ein Exemplar der Hortulus-Ausgabe von 1512. Es ist erhalten in Augsburg, Staats- und Stadtbibliothek 4° Enc. 243; cf. Künast / Zäh (vorige n.), p. 209sq.

51 Cf. unten zu **M**, **U** und **A**, p. 25sqq.

52 Die Sodalitas finanzierte 1507 den Druck des Barbarossa-Epos Ligurinus, von dem Conrad Celtis eine Handschrift nach Augsburg brachte. Die Augsburger Sodalitas, die damals aus vier Domkanonikern, einem Kaufmann und dem Stadtschreiber Peutinger bestand, hat das in einem Brief am Anfang der Erstausgabe von 1507 festgehalten, zuletzt gedruckt in der Ligurinus-Ausgabe von E. Assmann, Hannover 1987, p. 5–8; deutsch von W.B. in der Einleitung zur Ligurinus-Übersetzung von G. Streckenbach, Sigmaringendorf 1995, p. 10sq.

53 Zur Datierung und Lokalisierung aufgrund der Majuskelligatur N͡T = NT cf. W.B., «Neues zum Waltharius», *Mittellateinische Studien* t. 4, Heidelberg 2022, p. 201–212, hier p. 203sq. Die Handschrift ist beschrieben in M. Kautz, *Bibliothek und Skriptorium des ehemaligen Klosters Lorsch*. Katalog der erhaltenen Handschriften t. 2, Wiesbaden 2016, p. 988–992 (Lit.).

Schreiber hat anfangs interlinear und am Rand die Glossen[54] seiner Vorlage übernommen; dies ab v. 11 aber bereits unterlassen.

F In das XI. Jahrhundert ist das Hortulus-Fragment in Privatbesitz zu datieren, das Benedikt Konrad Vollmann angezeigt und beschrieben hat[55]. Auch dieses von einem Bucheinband abgelöste und deshalb nur noch teilweise lesbare Fragmentblatt war ausschließlich lateinisch glossiert. Das Hortulus-Fragment (v. 23–99) steht auf der recto-Seite des Blatts; die Rückseite ist mit ganz anderen Texten in gotischer Minuskel des XV. Jahrhunderts beschrieben.

H † Herrnstein, Gräflich Nesselrodesche Bibliothek Ms. 192. Der 1945 beim Beschuß von Schloß Merten bei Siegburg zerstörte «Codex medicus Hertensis» bestand aus zwei Teilen: Bis fol. 20 handelte es sich um ein karolingisches Manuskript; der hintere Teil ist im XII. Jahrhundert in oder um Trier entstanden und enthielt auf fol. 83ᵛ–86ᵛ Walahfrids *De cultura hortorum*. Der Codex gehörte im Spätmittelalter wohl der Abtei Brauweiler und ist nur noch durch Abbildungen und Beobachtungen von K. Sudhoff, Archiv für Geschichte der Medizin 10/6, 1917, p. 265–313, zu denen auch Textproben des Hortulus (v. 1–9, 404–406, 438–444) gehören, zu rekonstruieren. Wie in der ältesten Handschrift **C** war die abschließende Verszählung (Stichometrie) *HABET VERSUS CCCCXLIIII* eingetragen; Sudhoffs Auszüge bestätigen die Lesart *fructus* in v. 9. **H** überlieferte als einzige Handschrift Walahfrids Lehrgedicht im Verbund mit dem Vorbildwerk *Liber medicinalis* des Quintus Serenus. Der Codex befand sich seit 1682 im Besitz der Grafen von Nesselrode-Greifenstein und wurde bei der Ausleihe durch Sudhoff vor dem oder im Jahr 1917 vollständig photographiert; die Handschriftenphotographien des Sudhoff-Instituts in Leipzig sind nach Kriegsende in die Sowjetunion verschleppt worden. Der Hinweis auf die Handschrift wird Frau Dr. Dorothea Heinig (Marburg) verdankt. Cf. T. Licht, «Der Codex medicus Hertensis. Zu einer verlorenen Walahfridüberlieferung», in Literatur in

54 Bergmann / Stricker (wie n. 47), p. 1548sq. – Über Lorsch als Heimat lateinischer Hss. mit althochdeutschen Glossen A. Schlechter, in W.B. (ed.), *Palatina-Studien*, (Studi e Testi 365) Rom 1997, p. 234sq.

55 B. K. Vollmann, «Ein neues Fragment von Walahfrid Strabos Gedicht De cultura hortorum», *Aevum* 79, 2005, p. 283–291.

ihren kulturellen Räumen, (Festschrift Hermann Wiegand) Heidelberg 2021, p. 77–89.

E Leiden, Bibliotheek der Universiteit Voss. lat. 8°78. In ein magisch-medizinisches Mischgedicht aus Benedictus Crispus, Carmen medicinale, Marbod von Rennes, De lapidibus und Odo von Meung, Macer floridus sind auf p. 69 acht von neun Versen Walahfrids zum Fenchel (*foeniculum*) inseriert (v. 208–216 ohne v. 210). Die Handschrift stammt aus dem Besitz des niederländischen Philologen Marcus Zuerius Boxhorn († 1653) und wurde als Zeugnis des Hortulus erstmals angezeigt von A. Belletini, «Nuovi elementi per la datazione del Carmen medicinale del diacono Crispo» in D. Jacquart / A. Paravicini-Bagliani (edd.), La Collectio Salernitana di Salvatore De Renzi, Florenz 2008, p. 127–148, hier p. 132. Die Lesung *loquuntu*r in v. 211 stimmt mit **C** und **K** überein und steht gegen *loquentur* in **L**. Die gotische Minuskel der Handschrift datiert in die erste Hälfte des XIV. Jahrhunderts; am Rand finden sich deutsche Glossen.

M München, Bay. Staatsbibliothek Clm 666, fol. 1^r–12^v + fol. IV^{rv}, ist in Bastarda, die sich als leichter lesbare Schrift aus der gotischen Kursive entwickelt hat, geschrieben von Hartmann Schedel (1440–1514) aus Nürnberg im Jahr 1463. Der Text ist direkt aus der jetzt Leipziger Handschrift abgeschrieben, wie Cataldo Roccaro definitiv festgestellt hat[56]. Der Ort, an dem Schedel seine Abschrift besorgte, war mit einer gewissen Wahrscheinlichkeit Augsburg; denn **L** wird sieben und sechzehn Jahre später von Augsburgern abermals kopiert. Das von Schedel vermerkte Jahr *1463* paßt dazu; denn in diesem Jahr weilte Schedel längere Zeit bei seinem Vetter, dem Arzt Hermann Schedel in Augsburg und schrieb in großem Stil humanistische Texte ab[57].

Schedel kopierte auch die lateinischen Glossen von **L**; die althochdeutschen Glossen[58] gab er jedoch nur zum Teil und in modernerer Sprachform wieder[59]: *hurdi* (**L** zu v. 38) z. B. wurde bei ihm *hürd*.

56 Roccaro (wie n. 17), p. 76–81. Der Clm 666 ist kurz beschrieben im *Catalogus codicum latinorum Bibliothecae R. Monacensis* t. 1/2, München ²1892, p. 172.

57 R. Stauber, *Die Schedelsche Bibliothek*, Freiburg i. Br. 1908, p. 45sq.

58 Bergmann / Stricker (wie n. 47), p. 949sq.

59 Cf. Steinmeyer / Sievers t. 2 (wie n. 35).

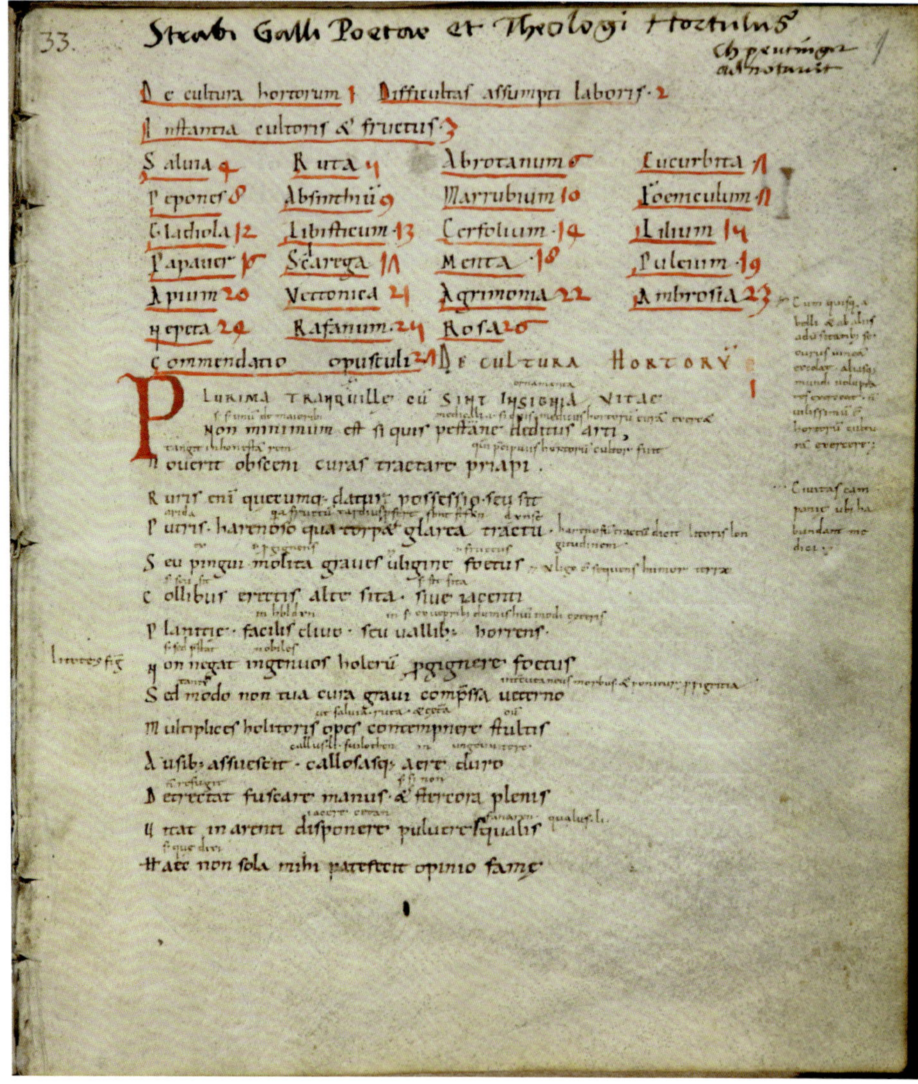
Strabi Galli Poetae et Theologi Hortulus

Ch. peutinger adnotavit

De cultura hortorum 1 Difficultas assumpti laboris 2
Instantia cultoris et fructus 3
Salvia 4 Ruta 5 Abrotanum 6 Cucurbita 7
Pepones 8 Absinthium 9 Marrubium 10 Foeniculum 11
Gladiola 12 Lybisticum 13 Cerfolium 14 Lilium 15
Papaver 16 Sclarega 17 Menta 18 Puleium 19
Apium 20 Vettonica 21 Agrimonia 22 Ambrosia 23
Nepeta 24 Rafanum 25 Rosa 26
Commendatio opusculi 27 De cultura hortorum

Plurima tranquillae cum sint insignia vitae
Non minimum est si quis pestanae deditus arti
Noverit obsceni curas tractare priapi.
Ruris enim quecumque datur possessio seu sit
Putris harenoso qua torpeat glarea tractu
Seu pingui molita graves uligine fetus
Collibus erectis alte sita sive iacenti
Planitie facilis clivo seu vallibus horrens
Non negat ingenuos holerum pgignere fetus
Sed modo non tua cura gravi compressa veterno
Multiplices holitoris opes contempnere stultis
Ausibus assuescit · callosasque aere duro
Detrectat fuscare manus et stercora plenis
Vertat in arenti disponere pulvere squalis
Haec non sola mihi patefecit opinio famae

Abb. 2 Die drittälteste Handschrift des Hortulus Walahfrids (**L**) ist als Schulhandschrift mit breiten Rändern und einem weiten Zeilenabstand so angelegt worden, daß Erklärungen eingefügt werden konnten. Die Glossen wurden in einem kleineren Schriftgrad der karolingischen Minuskel eingetragen, um die Lesbarkeit des Haupttextes nicht zu beeinträchtigen. Der Titel oben *Strabi Galli* ... ist von Conrad Peutinger aus Augsburg nach 1510 in gotischer Kursive geschrieben. Leipzig, Universitätsbibliothek Rep. I 53, fol. 1^{r}. Originalgröße 25 × 21,7 cm.

U Lucca, Biblioteca Statale 1388, ist der hintere Teil eines einst umfangreichen Manuskripts, dessen ursprüngliche Foliierung 206–231 oben rechts erhalten ist (nachträgliche Blattzählung 1–26 unten links). Die Handschrift steht in Bastarda, enthält auf fol. 206^{r}–218^{v} den *Cento* der Proba, auf fol. 219^{r}–226^{v} Walahfrids *De cultura hortorum* und schließt auf fol. 226^{v} mit der Angabe des Herstellungsjahrs 1470: *finis m cccc septuagesimo*. Die Gedichte *Metrum de vocibus avium et quadrupedum in laudem philomelae* auf fol. 227^{r}–228^{r} und *Nomina dierum secundum nomina planetarum* auf fol. 228^{r} sind Nachträge. Die Haupthand der erhaltenen Teile zeigt Parallelen zur Schreibgewohnheit des Augsburger Klosterhumanisten Sigismund Meisterlin († nach 1488), insbesondere seinen eigentümlichen Kürzungsbogen ^ für r. Es handelt sich für den Teil, der den Hortulus enthält, um eine direkte Abschrift von **L**, wie an Bindefehlern in Haupttext (v. 10 *sed*) und Glosse (v. 1 *mundi* om.) ersichtlich ist. Der Codex gehörte dem Philologen Cesare Lucchesini († 1832) aus Lucca; cf. M. Paoli, I codici di Cesare e Giacomo Lucchesini, Lucca 1994, p. 18.

A Die Handschrift **L** wurde im XV. Jahrhundert ein drittes Mal abgeschrieben. 1479 kopierte sie der Augsburger Sebastian Stamler (Stammler; 1464–1528) in einer Bastarda, erhalten[60] in Augsburg, Staats- und Stadtbibliothek 2° 133, fol. 46^{v}–58^{v}. Stamler hat fast alle Glossen von **L** übernommen und die Glossierung, die in **L** mit v. 360 endet, eigenständig bis zum Ende der Dichtung fortgesetzt. Dazu kommen bei ihm längere Scholien zu Metrik[61] und Grammatik sowie Sacherklärungen[62]. Die althochdeutschen Glossen – sofern er sie übernimmt – schreibt er nicht unverändert ab; die Glosse *ungevvitere* (**L** zu v. 12) z. B. erscheint bei ihm als *ungewitter*; *hurdi* (**L**) ist bei ihm *hürde*. Die Handschrift kam

60 H. Spilling, *Die Handschriften der Staats- und Stadtbibliothek Augsburg 2° Cod 101–250*, Wiesbaden 1984, p. 51–56. Dr. iur. utr. Sebastian Stamler starb 1528 als Propst und Bischofsvikar in Brixen; im Brixener Domareal steht sein Epitaph (Hinweis Dr. Rolf Schmidt). Die Nachrichten über ihn (ohne Benutzung des Epitaphs) bei L. Santifaller, *Das Brixner Domkapitel in seiner persönlichen Zusammensetzung im Mittelalter* t. 2, Innsbruck 1925, p. 474sq.

61 Stamler hat z. B. das oben n. 18 erwähnte Hypermetrum (v. 285) erkannt.

62 Ergebnis einer Seminararbeit von Manfred Kronenberger im Sommersemester 2006 am Seminar für Lateinische Philologie des Mittelalters und der Neuzeit der Universität Heidelberg.

über das Augsburger Jesuitenkolleg in die Stadtbibliothek; das heißt, daß auch sie (wie **L**) zeitweise zur Peutinger-Bibliothek gehört haben kann.

In mittelalterlichen Bibliothekskatalogen ist der Hortulus dreimal nachgewiesen. In einem Bibliothekskatalog der Abtei Gorze aus dem XI. Jahrhundert sind verzeichnet *Libelli herbarii Vualefridi Strabonis duo*[63]. Der zweite Eintrag (aus St. Gallen) ist bereits bei der Handschrift **C** erwähnt[64]. Schließlich hat Hartmann Schedel seine Kopie **M** in seinen Katalog von 1498/1507 aufgenommen[65].

63 G. Morin, «Le Catalogue des manuscrits de l'abbaye de Gorze au XIe siècle», *Revue Bénédictine* 22, 1905, p. 1–14, hier p. 10. Neue Ausgabe des Katalogs bei A. Wagner, *Gorze au XIe siècle*, Turnhout 1996, p. 137–180, hier p. 173 nr. 375–376.

64 Cf. n. 45.

65 *Strabo de cultura ortorum*, MBK t. 3/3, 1939, p. 826.

Als direkt von **L** abgeschriebene Codices werden **A**, **U** und **M** eliminiert. Nur an Stellen, an denen **L** später verdorben oder verändert wurde, lohnt es sich, **A**, **U** und **M** zu konsultieren, um die ursprüngliche Lesart von **L** zu erfahren[66]. Die Grundfrage bei der Rezension der Hortulushandschriften ist, ob der verlorene Archetyp (**α**) als ein glossiertes oder ein reines Textexemplar des Hortulus anzusetzen ist. Drei der vier voneinander unabhängigen Handschriften überliefern den Hortulus mit Glossatur; nur eine, allerdings die älteste (**C**), hat diesen Scholienapparat nicht.

Die Frage ist so explizit noch nie gestellt worden; implizit aber ist sie im Hortulus-Kommentar Roccaros berührt bei der Diskussion von v. 241:

Sufficit, illa tamen toto reparabilis aevo …

«[Den vielen Zweigen des Kerbels] genügt es [, geringe Samen hervorzubringen]; doch erneuert er sich das ganze Jahr hindurch …» **L** schreibt *aevo*; **C** und **K** haben als letztes Wort des Verses *anno*. *Aevo* ist nicht nur als Lectio difficilior vorzuziehen, sondern auch wegen des Anklangs an einen der bekanntesten Verse des Venantius Fortunatus[67]:

Salve, festa dies toto venerabilis aevo –

ein Anklang, der zum gehobenen Ton paßt, den Walahfrid hier im 14. Abschnitt, genau in der Mitte seines Gedichts, mit seinem Musen-Anruf anschlägt. Roccaro denkt an eine «variante d'autore, presente nell'archetipo»[68], die dann so ausgesehen haben müßte:

id est anno
aevo

Auch die Handschrift **L** hat wenigstens an einer Stelle die Lectio facilior in den Haupttext gesetzt (v. 116):

66 Das ist z. B. bei der Glosse zu v. 325 der Fall.

67 Venantius Fortunatus carm. III 9,39, ed. F. Leo, *Venanti Honori Clementiani Fortunati … opera poetica*, Berlin 1881, p. 60. Zur Verbreitung dieses Verses und der folgenden Partie D. Schaller / E. Könsgen, *Initia carminum Latinorum saeculo undecimo antiquiorum*, Göttingen 1977 (mit Supplement von T. Klein 2005), nr. 14550.

68 Roccaro (wie n. 17), p. 202.

Quot generat nodos, tot iam retinacula tendit

«[Der Flaschenkürbis] treibt ebensoviele Ranken hervor, wie er Knoten erzeugt». Das letzte Wort des Verses lautet in **C** und **K** *trudit*, was mit Roccaro (p. 184) als der gewähltere Ausdruck (cf. *trudunt gemmae* «Knospen wachsen hervor», Georg. II 74) anzusehen ist. Dann wäre der Vers 116 in einem glossierten Archetyp so anzusetzen:

tendit,iacit
Quot generat nodos, tot iam retinacula trudit

C und **K** hätten dann die Hauptzeile richtig tradiert, **L** aus den beiden Glossen zu *trudit* das einfacher zu verstehende *tendit* übernommen (das in Junktur mit *retinacula* in Virgil, Georg. I 513 vorkommt) und die seltenere Vokabel *trudit* in die Glossatur gesetzt.

Auch die varia lectio von v. 305 läßt sich am leichtesten aus der Vorlage einer glossierten Handschrift erklären, die so ausgesehen haben könnte:

dolores
Hac herba plures leniri posse labores[69]

C und **K** lesen *labores*; **L** *dolores*.

C und **K** stehen, wie es sich aus dem Vorausgehenden und weiteren Stellen ergibt, mehrfach gegen **L**. Fragment **F** stimmt in v. 90 mit **L** in *Toxicaque* überein gegen *Oxicaque* in **C** und **K**[70]. Wenn der Archetyp **α** bereits ein glossiertes Exemplar war, dann hat der Fuldaer Schreiber **C** im wesentlichen den Haupttext übernommen; ausnahmsweise auch eine Lesart der Glosse. Gemeinsamkeiten von **C**, der Lorscher Abschrift **K** aus dem letzten Drittel des X. Jahrhunderts und des Codex **H** aus dem XII. Jahrhundert lassen einen Textzweig **y** erkennen, dem wohl auch der kurze Text der Handschrift **E** aus der ersten Hälfte des XIV. Jahrhunderts zuzuordnen ist. Ausschlaggebend sind die gemeinsamen Lesarten *fructus* in v. 9 – der Vers fehlt in **E** – und *loquuntur* in v. 211, wo der Wortlaut von **H** nicht überliefert ist. Gesichert ist die Abhängigkeit der spätmittelalterlichen Handschriften **M**, **U** und **A** von **L**. Falls **α** bereits

69 Mit Rücksicht auf Ovid, Met. XIII 317 *lenire dolores* könnte man auch *dolores* in den Haupttext setzen; dann aber ergibt die Glossierung mit *labores* keinen rechten Sinn, weil sie das unproblematische Verständnis von *lenire dolores* wieder komplizieren würde. Über *labor* im «linguaggio medico» ROCCARO, p. 213.

70 Die Glosse *id est acuta* kann sich nach VOLLMANN (wie n. 55), p. 288 «nur auf *oxica* beziehen», nicht auf *toxica*.

ein glossiertes Exemplar war – wofür Indizien vorliegen –, ohne daß es bewiesen werden kann, ergibt sich folgendes Stemma:

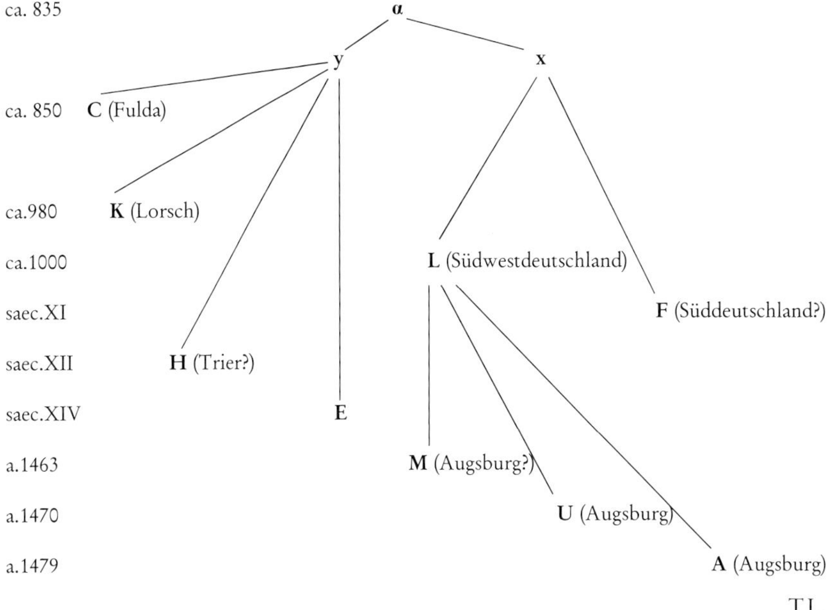

T.L.

des Hortulus sind hier nur insoweit zu berücksichtigen, als es sich um kritische, auf der Grundlage der Handschriften erstellte Ausgaben handelt. Die Editio princeps wurde vom erwähnten Joachim von Watt (Vadianus) veranstaltet, der in St. Gallen den Hortulus aus dem jetzt in Rom liegenden Codex **C** abschrieb und den Text 1509 an den Mathematiker Georg Tannstetter (Collimitius) sandte. Vadian erinnerte Tannstetter daran, daß bereits Poggio in St. Gallen eine bedeutende Entdeckung gelungen sei[71], und gab damit zu verstehen, daß auch er etwas Bedeutendes gefunden habe. Er drückte den Wunsch aus, daß das Werk «ein wenig reiner und mit hellerem Antlitz ans Licht trete»[72]. Ein Jahr später formulierte Vadian seinen Wunsch dem Wiener Kollegen gegenüber noch deutlicher[73], und nun erschien das Gartengedicht noch im Jahr 1510 beim Wiener Drucker Hieronymus Vietor unter dem Titel *Strabi Galli Poetae et Theologi doctissimi ad Grimaldum coenobii S. Galli abbatem Hortulus*[74]. Ein Gedicht an den Leser in iambischen Senaren machte den Namen des Editors bekannt; der zweite Brief Vadians an Tannstetter wurde mitgedruckt. Obwohl die Ausgabe Vadians ziemlich fehler-

71 nämlich die der kompletten Institutio oratoria des Quintilian. Poggio berichtete darüber in einem Brief (I 5) an Guarino von Verona, ed. T. DE TONELLIS, *Poggii Epistolae* t. 1, Florenz 1832 (repr. 1963), p. 25sqq. Bei dem von Poggio entdeckten Quintilian handelt es sich um die Hs. Zürich, Zentralbibliothek C 74a (288), cf. E. WALSER, *Poggius Florentinus*. Leben und Werke, Leipzig/Berlin 1914, p. 52 n. 5. Die Hs. Zürich C 74a liegt seit 2006 (als Dauerleihgabe) wieder in der Stiftsbibliothek St. Gallen.

72 *quatinus … elimatior aliquantulo vultuque sereniore in lucem prodiret* (nämlich das Werk Walahfrids), Vadianische Briefsammlung III, Nachträge nr. 1, ed. E. ARBENZ, *Mitteilungen zur Vaterländischen Geschichte* 27, St. Gallen 1900, p. 134sq., hier p. 134. Verbessert nachgedruckt mit Übersetzung und Kommentar bei W. NÄF / M. GABATHULER, *Walahfrid Strabo: Hortulus*. Vom Gartenbau, St. Gallen ^{2}1957, p. 116sqq.

73 Vadianische Briefsammlung I Anhang nr. 4, ed. ARBENZ, *Mitteilungen zur Vaterländischen Geschichte* 24, St. Gallen 1890, p. 231–233. Verbessert nachgedruckt mit Übersetzung und Kommentar bei NÄF / GABATHULER (wie vorige n.), p. 122sqq.

74 facs. mit Begleittexten von K. SUDHOFF / H. MARZELL / E. WEIL München 1926; Nachdruck des Facsimiles (ohne den druckgeschichtlichen Beitrag von WEIL) Reichenau 1974. Von diesem Erstdruck gibt es zwei Fassungen: «Their differences comprise eight typographical corrections in 1b», PAYNE / BLUNT (wie n. 42), p. 69. Das Facsimile von 1926 reproduziert den Druck 1a.

haft war[75], wurde sie ein großer Erfolg. Sie erlebte eine zweite Auflage[76] Nürnberg 1512, bei der die Beigaben verändert wurden, textlich aber das Fehlen zweier Halbverse nicht behoben ist. So blieb es bei den vielen Nachdrucken dieser Ausgabe bis ins XIX. Jahrhundert[77].

Einen Fortschritt brachte erst Friedrich Anton Reuß, der seiner 1834 erschienenen Ausgabe die Handschrift **M** zusammen mit einem Vadiandruck zugrundelegte[78]. Reuß druckte den Hortulus als erster in 444 Versen und brachte trotz seiner sekundären, da von **L** abgeschriebenen Handschrift **M** erstmals den in unserem Stemma mit **x** bezeichneten Zweig der Überlieferung in die Textkritik ein. Weiter als Reuß kam Ernst Dümmler voran, dessen Ausgabe des *Liber de cultura hortorum* – wie das Werk nun überlieferungsgeschichtlich richtig genannt wurde – im zweiten Band der Poetae-Reihe der Monumenta Germaniae Historica[79] fast ein Jahrhundert lang unangefochten den maßgebenden Text darstellte. Dümmler legte seiner Ausgabe die Handschriften **C**, **K**, **L** zugrunde; **M** schied er aus, weil er erkannte, daß es sich um eine direkte Abschrift von **L** handelte. Das größte Verdienst der Dümmlerschen Ausgabe war, daß sie die umfangreiche Glossierung des Hortulus bekannt machte; sie war aufgrund des – fast möchte man sagen – editionsgeschichtlichen Zufalls, daß Vadian aus **C** und nicht Peutinger aus **L** die Editio princeps vorlegte, in der Wissenschaft unbeachtet geblieben.

Wie alle Ausgaben der Zeit[80] ist die des Dümmlerschen Hortulus nicht fehlerfrei. In seiner Ausgabe sind nicht wenige falsche Angaben der varia lectio zu korrigieren. Auch diese Ausgabe ist oft nachgedruckt worden.

75 Auffälligster Fehler ist der Ausfall von v. 160 / 2. Hälfte + v. 161 / 1. Hälfte, sodaß das Gedicht nur 443 Verse umfaßte.

76 Unter dem Titel *Strabi Fuldensis monachi, Poete suavissimi, quondam Rabani Mauri auditoris, Hortulus, nuper apud Helvetios in S.Galli monasterio repertus, qui Carminis elegantia tam est delectabilis, quam doctrina (Druck: doctrine) cognoscendarum quarundam herbarum varietate utilis. Ad Grymaldum Abbatem.*

77 Cf. Roccaro (wie n. 17), p. 88sq.

78 F. A. Reuss, *Walafridi Strabi Hortulus.* Carmen ad cod. ms. veterumque editionum fidem recensitum, lectionis varietate notisque instructum, Würzburg 1834.

79 MGH Poetae t. 2, 1884, p. 335–350.

80 Bei einem namhaften Editor der ersten Hälfte des XIX. Jahrhunderts, nämlich Georg Waitz, «halten etwa 16% der … angegebenen Lesarten einer Prüfung an den Handschriften nicht stand» (W.B. / A. Häse, *Gerhard von Augsburg: Vita Sancti Uodalrici*, Heidelberg [2]2020, p. 55); demgegenüber ist die Fehlerhäufigkeit der Lesarten Dümmlers in der Ausgabe des Hortulus von gut 6,5% (nur falsche Angaben; Lücken nicht gezählt) ein Fortschritt.

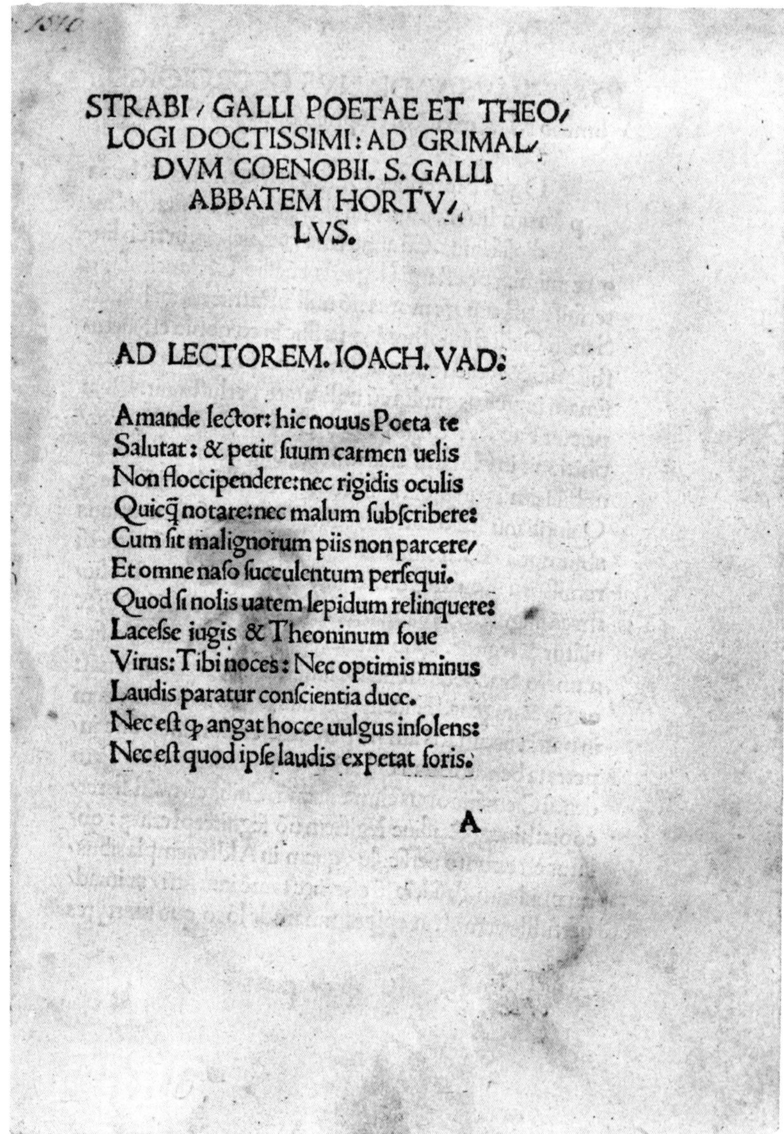

STRABI / GALLI POETAE ET THEO/
LOGI DOCTISSIMI: AD GRIMAL/
DVM COENOBII. S. GALLI
ABBATEM HORTV/
LVS.

AD LECTOREM. IOACH. VAD:

Amande lector: hic nouus Poeta te
Salutat: & petit ſuum carmen uelis
Non floccipendere: nec rigidis oculis
Quicq̄ notare: nec malum ſubſcribere:
Cum ſit malignorum piis non parcere/
Et omne naſo ſucculentum perſequi.
Quod ſi nolis uatem lepidum relinquere:
Laceſſe iugis & Theoninum ſoue
Virus: Tibi noces: Nec optimis minus
Laudis paratur conſcientia duce.
Nec eſt ꝙ angat hocce uulgus inſolens:
Nec eſt quod ipſe laudis expetat foris.

A

Abb. 3 Titelblatt der Erstausgabe des Hortulus, gedruckt 1510 von Hieronymus Vietor in Wien in Capitalis quadrata und humanistischer Minuskel (Antiqua). Seit diesem Druck trägt das Werk den Kurztitel *Hortulus*. Der Editor Ioachim Vadianus wirbt mit einem Einleitungsgedicht in iambischen Senaren um Leser: «Liebster Leser, dieser neue Dichter / grüßt dich und bittet, sein Gedicht / nicht geringzuschätzen ... »

Strabi Fuldensis mo
nachi Poete suauissimi. quondã Rabani
Mauri auditoris Hortulus nuper apud Heluetios in. S. Galli monasterio
repertus. qui Carminis elegantia tam est delectabilis. q̃ʒ doctrine cognoscendarum quarũdam herbarum varietate vtilis. Ad Grymaldũ Abbatem.

¶ Item Psalmus. 41. Sicut ceruus desiderat ꝛc. et Psalmus. 112. Lau-
date pueri ꝛc. per Venerabilem Bedam. sono Heroico decãtanti-

Abb. 4 Bereits zwei Jahre nach der Editio princeps erschien eine zweite Ausgabe beim Drucker Johannes Weyssenburger in Nürnberg (1512). Dem Stil der fränkischen Reichsstadt entsprechend wurde in gotischen Typen gedruckt. Der Titel der Erstausgabe wurde erweitert; außerdem wurde ein Holzschnitt mit einer Gartenszene aus der Dürerwerkstatt beigegeben.

Schließlich hat Cataldo Roccaro 1979 eine neue Ausgabe vorgelegt, die wegen ihres Kommentars zu manchen problematischen Stellen des Hortulus von Nutzen ist. Den Glossenapparat des Werks hat Roccaro nicht wiedergegeben, aber auszugsweise im Kommentar berücksichtigt.

DIESE AUFLAGE

beruht auf einer durch die Funde von **F**, **H** und **E** verbreiterten Handschriftenbasis und trennt den textkritischen Apparat von den Glossen, die in einem eigenen, mit *Glossae et scholia* gekennzeichneten Apparat wiedergegeben sind. Groß- und Kleinschreibung, Worttrennung und Interpunktion sind normalisiert; nur ausnahmsweise ist die varia lectio von ae/ę/e/oe, i/j und u/v angegeben. Die Übersetzung in deutschen Hexametern stammt von Werner Näf und Matthäus Gabathuler[81]. Sie ist jedoch an rund vierzig Stellen geändert, um eine genauere Entsprechung zum lateinischen Text zu erzielen.

81 Näf / Gabathuler (wie n. 72). Die Erstausgabe des Buches erschien St. Gallen 1942.

DIE HANDSCHRIFTEN UND IHRE SIGLEN

A Augsburg, Staats- und Stadtbibliothek 2° 133, fol. 46^{v}–58^{v}; von dem Augsburger Sebastian Stamler 1479 aus **L** abgeschrieben.

C Rom, Biblioteca Apostolica Vaticana Reg. lat. 469, fol. 29^{v}–39^{r}; Fulda, um 850; alte Bibliotheksheimat St. Gallen.

E Leiden, Bibliotheek der Universiteit, Voss. lat. 8° 78, p. 69; erste Hälfte des XIV. Jahrhunderts.

F Privatbesitz, Einzelblatt^{r}, geschrieben um 1000 (Fragment).

H † Herrnstein, Gräflich Nesselrodesche Bibliothek Ms. 192, fol. 83^{v}–86^{v}; XII. Jahrhundert, Trier oder Umgebung; spätere Bibliotheksheimat wohl Brauweiler.

K Rom, Biblioteca Apostolica Vaticana Pal. lat. 1519, fol. 85^{v}–88^{v}; Lorsch, um 1000.

L Leipzig, Universitätsbibliothek (olim Stadtbibliothek) Rep. I 53, fol. 1^{r}–10^{r}, Süddeutschland, saec. X 2/3; in der zweiten Hälfte des XV. Jhs. in Augsburg; im frühen XVI. Jh. in der Augsburger Bibliothek Konrad Peutingers.

M München, Bay. Staatsbibliothek Clm 666, fol. 1^{r}–12^{v} + fol. IV^{rv}; von Hartmann Schedel 1463 aus **L** abgeschrieben, vermutlich in Augsburg.

U Lucca, Biblioteca Statale 1388, fol. 219^{r}–226^{v}; im Jahr 1470 in Augsburg (durch Sigismund Meisterlin?) aus **L** abgeschrieben.

Incipit liber de cultura hortorum Strabi seu Strabonis feliciter

I De cultura hortorum
II Difficultas assumpti laboris
III Instantia cultoris et fructus operis
IV Salvia
V Ruta
VI Abrotanum
VII Cucurbita
VIII Pepones
IX Absinthium
X Marrubium
XI Foeniculum
XII Gladiola
XIII Lybisticum
XIV Cerfolium
XV Lilium
XVI Papaver
XVII Sclarega
XVIII Menta
XIX Puleium
XX Apium
XXI Vettonica
XXII Agrimonia
XXIII Ambrosia
XXIV Nepeta
XXV Rafanum
XXVI Rosa
XXVII Commendatio opusculi

C, *H*, *L*

Incipit – feliciter *C*; Strabi Galli poete et Theologi doctissimi ad Grimaldum sancti Galli coenobii abbatem *manu recentiore H* Strabi Galli Poetae et Theologi Hortulus *scr. Peutinger in L*. Ch. Peutinger adnotavit *idem in L*. Capitulatio] *C* (*ubi numeros Romanos* I–XXVII *prima manus titulis anteposuit*), *L* (*ubi numeros Arabicos* 1–27 *man. saec. XV scripsit*). III operis *om. L*. XIII Libisticum *L*. XVII Scarega *corr. in* Sclarega *L*.

Hier beginnt unter glücklichem Stern das Buch über den Gartenbau von Strabus oder Strabo

I	Vom Gartenbau
II	Schwierigkeit der übernommenen Arbeit
III	Beständiger Fleiß des Gärtners und Frucht seiner Arbeit
IV	Salbei
V	Raute
VI	Eberraute
VII	Flaschenkürbis
VIII	Melone
IX	Wermut
X	Andorn
XI	Fenchel
XII	Schwertlilie (Iris germanica)
XIII	Liebstöckel
XIV	Kerbel
XV	Lilie
XVI	Schlafmohn
XVII	Muskatellersalbei (mit Frauenminze)
XVIII	Minze
XIX	Poleiminze
XX	Sellerie
XXI	Betonie
XXII	Odermennig
XXIII	Ambrosia
XXIV	Katzenminze
XXV	Rettich
XXVI	Rose (und Lilie)
XXVII	Zueignung des kleinen Werks

I DE CULTURA HORTORUM

Plurima tranquillae cum sint insignia vitae,
Non minimum est, si quis Pestanae deditus arti
Noverit obsceni curas tractare Priapi.
Ruris enim quaecumque datur possessio, seu sit
Putris, harenoso qua torpet glarea tractu,
Seu pingui molita graves uligine foetus,
Collibus erectis alte sita sive iacenti
Planitie facilis clivo seu vallibus horrens,
Non negat ingenuos holerum progignere fructus,
Si modo non tua cura gravi compressa veterno
Multiplices holitoris opes contempnere stultis

C, H (usque ad v. 9), K, L

I] *C*; *numerus deest K, L*. De cultura hortorum *C, L*; *om. K*. 1 Plurima] *Litt. init.* P *exhibent C, K, L*. 5 tracta *K*. 6 foetus *corr. ex* fetus *C*. 8 Planitię *L*, Planicię *K*. 9 progignere] pro pignere *H*. fructus] *ita C, H, K*; foetus *L* 10 Si] Sed *L*. compresso *K*. 11 contemnere *K*.

Glossae et scholia:

1 tranquillae] Cum quisquam a bellis (belli *L*) et ab aliis mundi (*om. L*) adversitatibus securus vineam excolat et alias (aliasque *L*) mundi voluptates exerceat, non vilissimum est hortorum culturam exercere *K, L*. insignia] ornamenta *L*.

2 minimum] scilicet (*om. K*) sed unum de maioribus *K, L*. Pestanae] medicali *L*. (*Glossa altera*:) civitas Campaniae, ubi habundant medici *L*. deditus arti] id est (*om. K*): si quis medicus hortorum culturam (curam *L*) exercet *K, L*.

3 obsceni] tangit inhonestam rem *K, L*. Priapi] qui praecipuus hortorum cultor fuit *L*.

4 Ruris] gflf id̄ = gelende (?) *K*. enim] pro quia *K*. datur] scilicet homini *K*.

5 Putris] arida *K, L*. harenoso] harenosum tractum (dractum *K*) dicit litoris (literis *K*) longitudinem *K, L*. torpet] quia fructum tardius (tardius fructum *K*) profert *K, L*. glarea] santstein *K, L*. tractu] dust *K*, dunse *L*.

6 seu] sit *K*. pingui] ex *K, L*. molita] id est: progigneris *L*, propiggnes *K*. uligine] uligo est frequens (sequens *L*) humor terrae *K, L*. foetus] id est (*om. K*) fructus *K, L*.

7 Collibus] scilicet (*om. K*) seu sit *K, L*. iacenti] scilicet sit sita *L*.

8 clivo] in hoc *K*, in haldun *L*. vallibus] in *L*. horrens] scilicet (*om. K*) ex vepribus, dumis et (*om. L*) huiusmodi cęteris (ceteris huiusmodi *K*) *K, L*.

9 Non negat] litotes (litores *K*) figura *K, L*. (*Glossa altera*:) scilicet sed praestat *K*. ingenuos] nobiles *K, L*.

10 modo] tantum *K, L*. veterno] intercutaneus morbus et ponitur pro pigritia *L*, qui inter cutem et carnem ambulat *K*.

11 opes] ut salvia, ruta et cetera *K, L*. stultis] cum *L*.

I VOM GARTENBAU

Zahlreich gewiß sind Zeichen und Vorzug geruhigen Lebens,
Nicht das geringste ist es jedoch: der Rosenstadt Paestum
Kunst sich zu weihn in der Arbeit des fruchtbaren Gottes Priapus.
Was für Land du immer besitzest und wo es sich finde,
Sei's, daß auf sandigem Strich nur totes Geschiebe verwittert,
Oder es bringe aus fetter Feuchte gewichtige Früchte
Liegend auf ragenden Hügeln erhöht oder günstig im weiten,
Ebenen Feld oder schwieriger, da durch Täler zerklüftet:
Nirgends weigert es sich, die ihm eigenen Früchte zu zeugen,
Wenn deine Pflege nur nicht ermattet in lähmender Trägheit,
Nicht sich gewöhnt, zu verachten den vielfachen Reichtum des Gärtners

Ausibus assuescit callosasque aere duro
Detrectat fuscare manus et stercora plenis
Vitat in arenti disponere pulvere qualis.
Haec non sola mihi patefecit opinio famae
Vulgaris, quaesita libris nec lectio priscis,
Sed labor et studium, quibus otia longa dierum
Postposui, expertum rebus docuere probatis.

II DIFFICULTAS ASSUMPTI LABORIS

Bruma senectutis vernacula, totius anni
Venter et amplifluі consumptrix saeva laboris,
Veris ubi adventu terrarum pulsa sub imas
Dilituit latebras vestigiaque horrida avarae
Ver hiemis reduci rerum delere pararet
Scemate et antiquo languentia rura nitori
Reddere – ver orbis primum caput et decus anni –,
Purior aura diem cum iam reserare serenum

C, F (*inde a v. 23*), K, L

---

12 assuescat *K.* 14 qualis *mut. in* squalis *man. post. in L.* II] *C; numerus deest K, L.* DIFFICULTAS ASSUMPTI LABORIS *L; om. C, K.* 19 Bruma] *Litt. grandiorem* B *exhibent C, K, L.* 21 in adventu *K.* 22 Delituit *K.* uestigia *corr. ex* uestia *C.* auare *K, L.*

Glossae et scholia:
12 callosasque] callas suil *K*; callus,-li suilothen *L.* aere duro] in *L.* (*Glossa altera*:) ungeuuitere *L.*
13 Detrectat] non refugit *L.* et] scilicet si non *L.*
14 disponere] iacere cetan *L.* qualis] fanaren *L.* (*Glossa altera*:) qualus,-li *L.*
15 Haec] scilicet quae dixi *L.*
16 libris] in *L.* lectio] mea *L.*
17 quibus] labori et studio *L.* otia] kemeitganga *L.* (*Glossa altera*:) id est: Dulcius mihi fuit laborare, quam otiosum incedere *L.*
18 expertum] scilicet me peritum, doctum *L.* (*Glossa altera*:) Servius (*In Aen. III 182; X 173*): expers: ignarus, indoctus *L.*
19 Bruma] hiemps, quasi brachimera, id est: purus dies *L.* (*cf. Servius, In Aen. II 472*: . . . id est: brevis dies). 21 Veris] langezes *L.* ubi] postquam *L.*
22 vestigiaque] accusativus *L.* (*Glossa altera*:) tempora et ubique *L.*
23 reduci] cum *L.* delere] depellere *L.* 24 Scemate] forma *F, L.*
25 Reddere] parare *F*, scilicet pararet *L.* ver orbis] parentesis *F*, parenthesis *L.*
26 Purior] <se>rena *F*; scilicet et ubi serena *L.*

Törichterweise, und nur sich nicht scheut, die schwieligen Hände
Schmutzig zu machen in Wetter und Wind und nimmer versäumet,
Mist zu verteilen aus vollen Körben im trockenen Erdreich.
Dies entdeckte mir nicht landläufiger Rede Erkenntnis
Und nicht allein Lektüre, die schöpft aus den Büchern der Alten:
Arbeit und eifrige Lust vielmehr, die ich vorzog der Muße,
Tag für Tag, haben dies mich gelehrt durch eigne Erfahrung.

II SCHWIERIGKEIT DER ÜBERNOMMENEN ARBEIT

Wenn der Winter, Genossin des Alters, des jährlichen Kreislaufs
Magen, der gierig die reichen Früchte der Arbeit verzehret,
Durch das Kommen des Frühlings vertrieben, sich birgt in der Erde
Tiefstem Versteck, und die schreckliche Spur des geizigen Winters
Auszutilgen beginnt der Lenz im Wiedererstehen,
Um der ermatteten Flur ihre frühere Schönheit zu bringen, –
Frühling, du erster Anfang der Welt und Schmuck du des Jahres! –
Wenn dann reinere Lüfte die heiteren Tage eröffnen,

Inciperet, Zephyrosque herbae floresque secuti
Tenuia porrigerent radicis acumina, caeco
Tecta diu gremio canasque exosa pruinas,
Cum silvae foliis, montes quoque gramine pingui
Prataque conspicuis vernarent laeta virectis,
Atriolum, quod pro foribus mihi parva patenti
Area vestibulo solis convertit ad ortum,
Urticae implerunt, campique per aequora parvi
Inlita ferventi creverunt tela veneno.
Quid facerem? tam spissus erat radicibus infra
Ordo catenatis, virides ut texere lentis
Viminibus crates stabuli solet arte magister:
Ungula cornipedum si quando humore nocetur
Collecto et putres imitatur marcida fungos.
Ergo moras rumpens Saturni dente iacentes
Aggredior glebas torpentiaque arva revulsis
Sponte renascentum complexibus urticarum

C, F, K, L

27 zephirosque *K, L.* 28 Tenua *K.* racidis *L.* acumina *corr. ex* acumine *L.* 33 hortum *K.* 34 Urticem *F.* 35 Illita *K, L.* 38 stabili *K.* 39 ^{h}umore *C.* 41 moras *corr. ex* mores *C.* iacente *K.* 42 Aggredior] Acgredior *corr. ex* Acgledior *K.* torpenciaque *K.*

Glossae et scholia:

27 Zephyrosque] phonno *L.* (*Glossae aliae*:) ////beris *F*; Australis ventus (Ventus australis *F*) praecalidus *F, L.*
28 caeco] in occulto *L.*
29 gremio] terrae *L.*
32 Atriolum] erbelarrili *L.* (*Glossa altera*:) accusativus *L.* patenti] in *L.*
33 Area] gelenti *L.*
34 Urticae] nezzilun *L.* aequora] per plana *L.*
35 veneno] ypallage, id est: venenosae herbae, quibus tela inficiuntur *L.*
36 radicibus] in *L.*
37 lentis] cum flexibilibus *L.*
38 Viminibus] cum virgis *L.* crates] hurdi *L.*
39 Ungula] huôf *L.* cornipedum] equorum *L.* nocetur] pro sinuatur *F.*
40 imitatur] id est: similis est *L.* fungos] suamma *L.*
41 Ergo] ideo *L.* Saturni dente] cum rastro *F, L.* (*Glossa altera*:) hovun *L.*
42 glebas] scorsun *L.* torpentiaque] qui fructum tardius proferrent *L.*
43 Sponte] scilicet nullo serente *L.* complexibus] catenis *L.*

Kräuter und Blumen, vom Zephyr geweckt, ihre schüchternen Triebe
Aus den Wurzeln senden zum Licht, die im finsteren Schoße
Lange sich bargen, verwünschend und scheuend die eisigen Fröste,
Wenn die Wälder mit Laub und die Berge mit üppigen Kräutern,
Lachende Wiesen schon grünen mit Gras, eine Weide der Augen,
Dann haben Nesseln den Raum überwuchert, der vor meiner Türe
Östlich zur Sonne sich wendet als Garten mit offenem Zugang,
Und auf den Flächen des Feldchens sind schädliche Nesseln gewachsen,
Pfeilen vergleichbar, verderblich bestrichen mit ätzendem Gifte.
Wie dem zu wehren? So dicht war durch unten verkettete Wurzeln
Alles verwachsen, gleichwie im Stalle der Wärter ein grünes
Flechtwerk verfertigt, kunstvoll gewirket aus biegsamen Ruten,
Wenn mal der Huf des Pferds in gestaueter Feuchtigkeit leidet,
Weich und morsch wird der Hornschuh, den schwammigen Pilzen
[vergleichbar.
Ungesäumt greife ich an mit dem Karst, dem Zahn des Saturnus,
Ruhende Schollen, breche das leblos starrende Erdreich
Auf und zerreiße die Schlingen der regellos wuchernden Nesseln,

Erigo et umbricolis habitata cubilia talpis
Diruo lumbricos revocans in luminis oras.
Inde Nothi coquitur flabris solisque calore
Areola et lignis, ne diffluat, obsita quadris
Altius a plano modicum resupina levatur,
Tota minutatim rastris contunditur uncis
Et pinguis fermenta fimi super insinuantur.
Seminibus quaedam temptamus holuscula, quaedam
Stirpibus antiquis priscae revocare iuventae.

III INSTANTIA CULTORIS ET FRUCTUS <OPERIS>

Denique vernali interdum conspergitur imbre
Parva seges, tenuesque fovet praeblanda vicissim
Luna comas; rursus si quando sicca negabant
Tempora roris opem, culturae impulsus amore –
Quippe siti metuens graciles torpescere fibras –
Flumina pura cadis inferre capacibus acri
Curavi studio et propriis infundere palmis

C, *F*, *K*, *L*

45 ora *K*. 46 noti *C*. 47 Areole *K*. 48 Alcius *F*, *K*. 51 temtamus *K*. 52 prise *K*. III] *C*; *numerus deest F*, *K*, *L*. INSTANTIA CULTORIS ET FRUCTUS *L*; *om*. *C*, *F*, *K*. 53 Denique] *Litt. grandiorem* D *exhibent C*, *K*, *L*. conspargitur *K*. 56 inpulsus *K*. 58 infere *K*. capacibus *corr. ex* capicibus *C*.

Glossae et scholia:
44 Erigo] piteta *L*. (*Glossa altera*:) in aggere terrae *F*, *L*. umbricolis] qui umbras colunt *F*, *L*.
45 Diruo] riutta *L*. lumbricos] regenvurma *L*.
46 Inde] postea *F*, *L*.
47 lignis] cum *F*, *L*. ne diffluat] ni cerfvore *L*. obsita] circumdata *L*.
48 Altius] scilicet ut *L*.
49 minutatim] chleino *L*. rastris] cum *L*. (*Glossa altera*:) rehhvn *L*.
50 super] de *F*, *L*. insinuantur] iaciuntur *F*, *L*.
51 Seminibus] cum *L*. quaedam] id est: quaedam holuscula serebamus *L*.
52 Stirpibus] de *L*. (*Glossa altera*:) selppoumen, stocchin *L*. revocare] de ipsis stirpibus pullulare fecimus *L*.
53 interdum] sumestunt *L*.
54 fovet] scilicet cum rore *L*. praeblanda] valde *L*.
55 negabant] et hoc interdiu, hoc noctu *L*.
57 siti] ex ariditate *L*. graciles] de chleinvn *L*. fibras] radices *L*.

Und ich vernichte die Gänge, bewohnt von dem lichtscheuen Maulwurf,
Regenwürmer dabei ans Licht des Tages befördernd.
Dann im Südwind, bestrahlt von der Sonne, erwärmt sich das Gärtchen,
Und ich umzäune mit Holz es im Viereck, damit es beharre,
Über dem ebenen Boden ein wenig höher gehoben.
Allerwärts wird dann die Erde mit krummer Hacke zerkleinert,
Gärstoff des fetten Düngers darauf gestreut in den Boden.
Mancherlei Kräuter sucht man aus Samen zu ziehen, durch alte
Stecklinge andre wieder zu neuer Jugend zu bringen.

III BESTÄNDIGER FLEISS DES GÄRTNERS UND FRUCHT SEINER ARBEIT

Schließlich besprengt bisweilen ein Frühlingsregen die junge
Saat, und wechselnd erquickt der schmeichelnde Mondschein der Blätter
Zartes Gefieder. Andererseits, wenn trockene Zeiten
Weigerten etwa den Segen des Taus, dann trieben mich eifrig
Liebe zum Garten und Sorge, daß nicht die fasrigen, kleinen
Wurzeln erschlafften vor Durst, in geräumigen Krügen zu schleppen
Ströme erfrischenden Wassers und tropfenweise zu gießen

Guttatim, ne forte ferocior impetus undas
Ingereret nimias et semina iacta moveret.
Nec mora, germinibus vestitur tota tenellis
Areola et, quamquam illius pars ista sub alto
Arescat tecto, pluviarum et muneris expers
Squaleat aerii, pars illa perennibus umbris
Diffugiat solem, paries cui celsior ignei
Sideris accessum lateris negat obice duri,
Non tamen ulla, sibi fuerant quae credita, pridem
Spe sine crementi pigro sub cespite clausit.
Quin potius quae sicca fere et translata subactis
Suscepit scrobibus, redivivo plena virore
Restituit reparans numeroso semina fructu.
Nunc opus ingeniis, docili nunc pectore et ore,
Nomina quo possim viresque attingere tantae
Messis, ut ingenti res parvae ornentur honore.

C, *F*, *K*, *L*

---

60 Gustatim *K*. ferotior *L*. 62 tenellas *K*. 64 mumeris *K*. 65 Squaleat *mut. in* Squalleat *L*. 66 Difugiat *K*. ignêi *L*. 67 negat] *codd. omnes*. obiice *K*. 68 fuerat *K*. 69 clausit *corr. ex* clasit *K*. 70 pocius *K*. 71 scrobus *K*. 75 ut *deest K*. ornent *K*.

Glossae et scholia:
60 Guttatim] trophliho *L*.
61 Ingereret] inferret *L*.
62 germinibus] chidon *L*.
63 illius] scilicet (*deest L*) areolae *F*, *L*. ista] una *L*. alto] scilicet ad occidentem sita *L*.
64 muneris] id est: roris *L*.
65 illa] meridiana altera *L*. perennibus] cum *L*. umbris] scilicet ad austrum sita *L*.
66 cui] scilicet parti *F*, *L*.
67 sideris] id est: solis *L*. accessum] scilicet post ⟨parietem⟩ *F*. obice] cum *L*.
68 ulla] scilicet (*deest L*) semina areolae *F*, *L*. credita] ////tur *F*, data *L*.
69 crementi] virenti *L*. pigro] eruuortenemo *L*. cespite] scilicet pulvere *F*. clausit] ////tur *F*, scilicet protulit in lucem *L*.
70 sicca] -ta *L*. (*Glossa altera:*) marcida *L*. translata] de aliis locis *L*. subactis] factis *L*.
71 redivivo] scilicet quia hic non segnius quam in priori loco germinarunt *L*.
72 reparans] vivificans *L*.
73 opus] scilicet est *L*. ingeniis] scilicet sensu *F*; id est: sensu *L*. docili] sapientiae *F*, sapienti *L*. pectore] scilicet (*deest L*) cogitatu *F*, *L*. ore] locutione *F*, *L*.
74 viresque] chrefti *L*.
75 ut . . .] id est: ut quae in se ipsis viles sunt, ex dictu glorificentur *L*.

Aus den eigenen Händen, damit nicht in heftigem Schwalle
Allzu reichliche Fluten verschwemmten die keimenden Saaten.
Alsbald kleidet sich nun mit den zartesten Keimen das ganze
Gärtchen, und wenn auch ein Teil seiner Beete unter dem hohen
Vordach, Regen und Tau entbehrend, verstaubt und verschmachtet,
Und wenn ein anderer Teil in dauerndem Schatten die Sonne
Flieht und vermißt, weil hindernd zur Seite hoch eine Wand den
Zugang des feurigen Himmelsgestirnes ihm neidisch verweigert, –
Gleichwohl hat doch mein Garten von dem, was man einst ihm vertraute,
Nichts ohne Hoffnung auf Wachstum untätig im Boden verschlossen.
Nein, er hat, was er beinah vertrocknet empfing, in gehöhlte
Gruben versetzt, mir erstattet voll wiedererwachender Grüne,
Vielfach vermehrt in zahlreicher Frucht die Aussaat belohnend. –
Nun braucht es Dichtertalent, Erkenntnis und Schönheit der Rede,
Um zu verkünden die Namen und Kräfte so reichlicher Ernte,
Daß auch das Kleine dadurch mit hoher Ehre sich schmücke.

IV SALVIA

Lelyfagus prima praefulget fronte locorum
Dulcis odore, gravis virtute atque utilis haustu.
Pluribus haec hominum morbis prodesse reperta
Perpetuo viridi meruit gaudere iuventa.
Sed tolerat civile malum: nam saeva parentem
Progenies florum, fuerit ni dempta, perurit
Et facit antiquos defungier invida ramos.

V RUTA

Hoc nemus umbriferum pingit viridissima rutae
Silvula ceruleae, foliis quae praedita parvis
Umbellas iaculata breves, spiramina venti
Et radios Phoebi caules transmittit ad imos
Attactuque graves leni dispergit odores.

C, *F*, *K*, *L*

IV] *C*; *numerus deest F*, *K*, *L*. DE SALUIA L; *om. C*, *F*, *K*. 76 Lelyfagus] *Litt. grandiorem* L *exhibent C*, *K*, *L*. Lelifagus *L*. *Versum 76 linea subducta tollendum et his duobus versibus compensandum esse statuit adnotator saec. XVII in L*: Salvia, quam Graio dicunt Elelisphaton (h *supr. lin.*) ore / Fertilium in prima praefulget fronte locorum. 79 Perpetua meruit viridi *L*. 81 demta *K*. 82 diffungier *L*. V] *C*; *numerus deest F*, *K*, *L*. DE RUTA *L*; *om. C*, *F*, *K*. 83 Hoc] *Litt. grandiorem* H *exhibent C*, *K*, *L*. 86 plebi *K*.

Glossae et scholia:

76 Lelyfagus] graece, latine salvia *F*, *L*. prima] in *L*. fronte] id est (*om. F*): in exordio *F*, *L*.
77 odore] in *L*. virtute] in *L*. haustu] in *L*. (*Glossa aliae:*) id est (*deest L*): ad potionem *F*, *L*; in potu *L*.
78 haec] lelifagus *L*. reperta] scilicet a medicis *L*.
79 Perpetuo] in perpetuum *L*. viridi] virore(?) F; in *L*.
80 tolerat] habet *F*; quod in se crescit, habet *L*. civile] id est: a vicino *L*. malum] adversitatem *F*, *L*. parentem] id est (*om. F*): stipitem matrem *F*, *L*.
81 dempta] scilicet rescisis(?) *F*; id est: nisi fuerit flos abruptus *L*.
82 defungier] arescere *F*, *L*. invida] nidigiu *L*.
83 nemus] accusativus *L*. pingit] ornat *F*, *L*. viridissima] ceruleus color ex viridi et nigro confectus, unde dicit: viridissima et: ceruleae *L*. praedita] scilicet data *F*; honorata, ditata *L*.
86 Phoebi] aestus solis *L*. caules] scilicet suri *F*; ceinun *L*. transmittit] phenus scilicet aestus //// *F*; id est: sinit pervenire *L*. ad imos] id est: propter parvitatem foliorum nec ab aestu nec frigore caulem defendere valet *L*.

IV SALBEI (Abb. 5)

Leuchtend blühet Salbei ganz vorn am Eingang des Gartens,
Süß von Geruch, voll wirkender Kräfte und heilsam zu trinken.
Manche Gebresten der Menschen zu heilen, erwies er sich nützlich,
Ewig in grünender Jugend zu stehen, hat er sich verdienet.
Aber er trägt verderblichen Zwist in sich selbst: denn der Blumen
Nachwuchs, hemmt man ihn nicht, vernichtet grausam den Stammtrieb,
Läßt in gierigem Neid die alten Zweige ersterben.

V RAUTE (Abb. 6)

Diesen schattigen Hain ziert bläulich schimmernder Raute
Grünes Gebüsch. Ihre Blätter sind klein, und so streut sie wie Schirmchen
Kurz ihre Schatten nur hin, läßt dringen das Wehen des Windes
Und die Strahlen Apolls bis hinab zu den untersten Stengeln.
Rührt man leicht sie nur an, so verbreitet sie starke Gerüche.

Abb. 5 «Leuchtend blühet Salbei ganz vorn am Eingang des Gartens» (v. 76).
Echter Salbei

Haec, cum multiplici vigeat virtute medellae,
Dicitur occultis adprime obstare venenis
Oxicaque invasis incommoda pellere fibris.

VI ABROTANUM

Nec minus abrotani promptum est mirarier alte
Pubentis frutices et quas inspicat aristas
Ramorum ubertas tenues imitata capillos.
Huius odoratum lento cum vimine crinem
Poeoniis carptum prodest miscere medellis.
Febribus obstat enim, telum fugat, adiuvat artus,
Quos incerta premit furtivae iniuria guttae.
Praeterea tot habet vires quot fila comarum.

VII CUCURBITA

Haud secus altipetax semente cucurbita vili
Assurgens parmis foliorum suscitat umbras

C, F (usque ad v. 99), K, L

---

88 medellae *C*, medelae *F*, medele *K*, medelę *L*. 89 ocultis *K*. 90 Toxicaque *F, L*; Oxicaque] *C, K. Cf. app. gloss. et Walther, Initia carminum 293*; febris *C*. VI] *C*; *numerus deest F, K, L*. DE ABROTANO *L*; *om. C, F, K*. 91 Nec] *Litt. grandiorem* N *exhibent C, K, L*. Nęc *K*. altę *C*. 94 Hulus *K*. crimen *K*. 95 Peoniis *K*. cartum *K*. medelis *F, K*. 97 guste *K*. VII] *C*; *numerus deest F, K, L*. DE CUCURBITA *L*; *om. C, F, K*. 99 Haud] *Litt. grandiorem* H *exhibent C, K, L*. Haut *K, L*. sementa *K*.

Glossae et scholia:

88 Haec] ruta *L*. medellae] id est: ad multas medelas prosit *L*.
89 adprime] praecipue, maxime *F, L*. 90 Toxicaque] id est acuta *L*. invasis] ex *L*.
91 abrotani] kartuvrci *L*. promptum] in praesenti *F, L*. alte] uf *L*.
92 Pubentis] scilicet (*om. L*) crescentes *F, L*. frutices] selpoum *L*. inspicat] spizzot *L*. aristas] id est: folia, et tractum est a granis; propter parvitatem folia dicit aristas *L*.
94 Huius] scilicet (*om. L*) abrotani *F, L*. odoratum] ferum *L*. vimine] scilicet (*om. L*) ramusculo *F, L*. crinem] folium, zuog *L*. (*Glossa altera:*) id est: si ramum tollas cum foliis *L*.
95 Poeoniis] medicalibus *L*.
96 enim] quia *F, L*. telum] quod nequeat facile velli *L*.
97 incerta] quia per varias membrorum iuncturas vagatur *L*.
98 Praeterea] id est: praeter has tres medicinas *L*. fila] folia *L*.
99 secus] non aliter quam frutices abrotani *L*. altipetax] hohgerniv *L*. semente] semine *F, L*.
100 parmis] cum *L*.

Kräftig vermag sie zu wirken, mit vielfacher Heilkraft versehen,
So, wie man sagt, bekämpft sie besonders verborgene Gifte
Und vertreibt stechenden Schmerz aus dem befallenen Leibe.

VI EBERRAUTE (Abb. 7)

Ebenso leicht ist's, den hohen Wuchs deiner Staude zu preisen,
Eberraute, bewundernd das Blattwerk, das reich sich entfaltet,
Üppig in Zweige geteilt und feinen Haaren vergleichbar.
Dieser duftende Schopf, zugleich mit den biegsamen Zweigen
Ärztlichen Mitteln vermengt, ergibt eine nützliche Mischung.
Fieber wehret sie ab, scheucht Seitenstechen, bringt Hilfe,
Wenn die tückische Gicht uns mit plötzlichem Anfall belästigt.
Aber noch mehr: Sie hat so viel Kräfte wie haarfeine Blätter.

VII FLASCHENKÜRBIS (Abb. 8)

Siehe, da wächst auch der Kürbis. Aus winzigem Samen zur Höhe
Reckt er sich, streut mit den Schilden der Blätter riesige Schatten

Abb. 6 «Diesen schattigen Hain ziert bläulich schimmernder Raute / grünes Gebüsch» (v. 83sq.). Wein-Raute

Ingentes crebrisque iacit retinacula ramis.
Ac velut ulmum hedera implicuit cum frondibus altam,
Ruris abusque sinu toti sua brachia circum
Laxa dedit ligno summumque secuta cacumen
Corticis occuluit viridi tutamine rugas:
Aut arbustivum vitis genus, arbore cum se
Explicuit quavis ramorumque alta corimbis
Vestiit et propria sursum se sponte levavit –
Visitur ergo rubens aliena in sede racemus
Dependere, premit tabulata virentia Bacchus,
Pampinus et frondes discernit latior altas –,
Sic mea sic fragili de stirpe cucurbita surgens
Diligit appositas, sua sustentacula, furcas
Atque amplexa suas uncis tenet unguibus alnos.
Ne vero insano divelli turbine possit,
Quot generat nodos, tot iam retinacula trudit,
Et quoniam duplicem producunt singula funem,
Undique fulturam dextra levaque prehendunt,
Et velut in fusum nentes cum pensa puellae

C, *K*, *L*

---

108 Vestit *K*. 109 repens *K*. 110 uirencia *K*. bachus *K*, *L*. 111 Panpinus *K*. lacior *K*. 112 de *om. C et add. supr. lin.* cum. 113 apositas *K*. 116 trudit] *ita C*, *K*; tendit *L*. *Cf. app. gloss.* 118 dexera *K*. prehendit *L*. 119 pensa] pe̊na *C*.

Glossae et scholia:

101 retinacula] unde retinetur *L*.

104 laxa] lata *L*. 105 viridi] cum scilicet suo, nam perenni gaudet viriditate *L*.

106 Aut] uelud *L*. arbustivum] uualdhaft *L*.

107 Explicuit] extendit *L*. quavis] in qualibet *L*. corimbis] cum uvis *L*. (*Glossa altera:*) Corimibi proprie sunt uvae hederae *L*.

109 Visitur] cernitur *L*. sede] in ulmo *L*.

110 tabulata] spreiti *L*. (*Glossa altera:*) Tabulata sunt rami effusiores et in plana tendentes, non in altiora crescentes *L*.

111 Pampinus] rebunplat *L*. latior] comparativus pro positivo *L*.

113 appositas] id est *L*. furcas] furcun zvvisilun *L*.

114 uncis] cum *L*. alnos] erilun *L*. (*Glossa altera:*) Aliam arborem pro alia ponit *L*.

115 insano] ab *L*.

116 retinacula] ramusculos *L*. trudit] tendit *legitur in L et glossis explicatur*: iacit, trudit.

118 fulturam] spruzzi *L*. 119 fusum] spinnila *L*. pensa] vuicchili *L*.

Und entsendet mit üppigen Zweigen haltende Ranken.
Gleich wie der laubige Efeu die ragende Ulme umwindet,
Legt seine schmiegenden Arme vom Mutterschoße der Erde
Rings um den Baum und reichend empor zum obersten Wipfel
Decket die Runzeln der Rinde mit seinem frischgrünen Kleide,
Oder auch wie die an Bäumen gezogene Rebe am Stamme
Ranket und oben die Zweige mit Beerenbüscheln bekleidet,
Steigend aus eigener Kraft hinauf in die Höhe der Krone,
Also daß von dem fremden Sitze die rötlichen Trauben
Hangen du siehst, denn Bacchus belastet das grünende Stockwerk,
Und seine stärkeren Triebe zerteilen hoch oben das Laubdach:
So sucht auch mein Kürbis, aus schwächlichem Stamme entsprossen,
Halt an den gabligen Stützen, die man ihm dazu bereitstellt;
Klammernd mit hakigen Ranken erfaßt er die Zweige der Erle.
Daß kein tobender Sturmwind ihn loszureißen vermöge,
Treibt er gleich viele Ranken hervor, wie er Knoten erzeuget,
Und weil jede am Ende in doppelte Klammern sich gabelt,
Packen sie rechts und links von allen Seiten die Stütze.
Gleich wie wenn spinnende Mädchen die weiche Wolle hinüber

Abb. 7 «Dieser duftende Schopf ...» (v. 94). Eberraute

Mollia traiciunt spirisque ingentibus omnem
Filorum seriem pulchros metantur in orbes,
Sic vaga tortilibus stringunt ammenta catenis
Scalarum, teretes involvuntque ilico virgas
Viribus et discunt alienis tecta cavarum
Ardua porticuum volucri superare natatu.
Iam quis poma queat ramis pendentia passim
Mirari digne? quae non minus undique certis
Sunt formata viis, quam si tornatile lignum
Inspicias medio rasum, quod mamfure constat.
Illa quidem gracili primum demissa flagello
Oblongo tenuique ferunt ingentia collo
Corpora, tum vastum laxatur in ilia pondus:
Totum venter habet, totum alvus, et intus aluntur
Multa cavernoso seiunctim carcere grana,
Quae tibi consimilem possunt promittere messem.
Ipsos quin etiam tenero sub tempore fructus,
Ante humor quam clausa latens per viscera sero
Autumni adventu rarescat, et arida circum

C, K, L

---

120 Molli *C.* traiiciuN̄ *K*, traitiunt *L.* 123 inuoluuntq· *corr. C apposita* t *supr. lin.* uirguas *K.* 124 ediscunt *L.* 126 pendencia *K.* 130 demisso *K.* 131 ingencia *K.* 135 possint *C, K.* 137 ^{h}umor *C.*

Glossae et scholia:

120 spirisque] cum circulis *L.* (*Glossae aliae:*) Spira est collectio funium in unum; gevuendida *L.*
121 metantur] vel meditantur *L.*
122 tortilibus] cum *L.* ammenta] lezza *L.*
123 Scalarum] furcarum *L.*
124 Viribus] cum *L.* et discunt] ediscunt *legitur in L*; *at glossa proponit* aliter: et.
125 natatu] ascensu *L.*
126 poma] scilicet cucurbitae *L.*
128 formata viis] kescaffota redon *L.* (*Glossa altera:*) ut in putericis videmus *L.*
129 medio] scilicet manente *L.* rasum] gebanot *L.* mamfure] draisarne *L.* (*Glossa altera:*) Mamfur est lorum tornatoribus aptum, sed hic pro ipso ferro ponitur *L.*
130 Illa] scilicet poma *L.*
132 ilia] Metaphoricos dixit ab animale ad inanimale *L.*
133 aluntur] id est foventur *L.* 134 cavernoso] in *L.*
136 tenero] dum ipsi teneri sunt *L.* 138 rarescat] deficiat *L.* et] scilicet antequam *L.*

Ziehn auf die Spindel und wie sie, geschwungen zu großen Spiralen,
Ordnen in zierlicher Windung die ganze Reihe der Fäden,
Also umschnüren in Ketten die weitausholenden Ranken
Und umwickeln von Stufe zu Stufe die rundlichen Zweige,
Bringen es fertig, mit fremden Kräften gar über den Dachfirst
Hoher Hallen in wogendem Flug triumphierend zu steigen.
Wer vermag nun die rings von den Zweigen hangenden Früchte
Würdig zu preisen? Denn sie sind ringsum mit Kerben nicht minder
Sicher geformt, als sähst du ein rundes Holzstück
In der Mitte gefräst gleich wie mit dem Werkzeug des Drechslers.
Abwärts gebogen an schmächtigem Stiele hangen die Früchte,
Tragen am schlanken, länglichen Halse gewaltige Körper;
Riesenhaft dehnt sich die Fülle sodann zum gewichtigen Leibe,
Alles ist Bauch und alles ist Wanst. Und im Kerker der Höhlung
Nähren, geordnet in Reih und Glied, sie zahlreiche Kerne;
Fruchtbar verheißen sie dir entsprechend üppige Ernte.
Ja, solange es früh im Jahr ist, ehe die Feuchte,
Die die Frucht des Kürbis im Inneren birgt, beim späten
Nahen des Herbstes vertrocknet und rings die Schale verholzet,

Abb. 8 «nicht minder / sicher geformt, als sähst du ein rundes Holzstück» (v. 127sq.). Flaschenkürbis

Restiterit cutis, inter opes transire ciborum
Saepe videmus, et ardenti sartagine pinguem
Combibere arvinam et placidum secmenta saporem
Ebria multoties mensis praestare secundis.
Si vero aestivi sinitur spiramina solis
Cum genetrice pati et matura falce recidi,
Idem foetus in assiduos formarier usus
Vasorum poterit, vasto dum viscera ventre
Egerimus facili radentes ilia torno.
Nonnunquam hac ingens sextarius abditur alvo,
Clauditur aut potior mensurae portio plenae,
Amphora quae, piceo linitur dum glutine, servat
Incorrupta diu generosi dona Lyaei.

VIII PEPONES

Hoc simul in spatio, campi quo figitur imis
Haec tam laeta seges, vili quam carmine pinxi,
Visitur alterius vitis genus acre per aequor

C, *K*, *L*

---

142 multoties] *ita C*; multociens *K*, multotiens *L*. 144 genitrice *K*, *L*. 145 foetus *corr. ex* fetus *C*, fetus *K*. 146 uiscere *K*. 148 saxarius *K*. abuo *K*. 150 gluttine *L*. 151 liei *K*, *L*. VIII] *C*; *numerus deest K*, *L*. DE PEPONIBUS *L*; *om. C*, *K*. 152 Hoc] *Litt. grandiorem* H *exhibent C*, *K*, *L*. spacio *K*, *L*. 153 lenta *L*.

Glossae et scholia:

140 ardenti sartagine] in gluentero fannun *L*.
141 secmenta] snitun *L*.
144 genetrice] cum stirpe *L*. matura] cum *L*. (*Glossa altera:*) ypallage pro ipsa matura *L*.
146 vasto] ex *L*.
147 Egerimus] eicimus *L*. torno] draisarne *L*.
148 hac] in *L*.
150 quae] scilicet cucurbita *L*.
151 generosi] nobilis *L*. Lyaei] vini *L*.
152 figitur] datur *L*. imis] scilicet terrae *L*.
153 laeta] pinguis *L*.
154 Visitur] cernitur *L*. genus] id est: pepones *L*.

Sehen wir sie nicht selten mit anderen köstlichen Speisen
Umgehn bei Tisch; getränket im Fett der dampfenden Pfanne,
Mögen fürwahr die wohlzubereiteten Stücke gar manchmal
Trefflich den Nachtisch versehen als süße Delikatesse.
Läßt man jedoch die Frucht am Mutterstock ihrer Pflanze
Dulden des Sommers Glut und schneidet sie reif mit dem Messer,
Kann als Gefäß sie gestaltet werden zu stetem Gebrauche,
Schafft man die Eingeweide heraus aus dem bauchigen Körper,
Schneidend leicht mit dem Eisen, im Drehen das Innere glättend.
Eines Schoppens* Menge hat manchmal Platz in der Höhlung,
Oder sie faßt gar in sich den größeren Teil eines Maßes.
Dieser Krug, verpichst du ihn wohl mit Pechleim, bewahret
Lange dir frisch die Gaben des spendenden Bacchus Lyaeus.

VIII MELONE (Abb. 9)

Gleichfalls am selbigen Platz, wo den untersten Beeten sich anschließt
Jene so üppige Saat, die in dürftigem Lied ich besungen,
Sieht man ein kräftiges Rankengewächs von anderer Gattung

* Ein Sextarius faßte ca. 0,55 l.

Abb. 9 «Zerteilt man das hohle Gehäuse von Hand in / zahlreiche Stückchen, so freut sich der Gastfreund bei Tische des guten / Leckerbissens der Gärten» (v. 175–177). Melone

Serpere pulvereum et fructus nutrire rotundos.
Pomorum haec species terrae super arida vulgo
Terga iacens crementa capit pulcherrima, donec
Solibus aestivis flavos intincta colores
Messoris calathos matura fruge replerit.
Tum videas aliis teretem satis esse figuram,
Undique porro aliis oblongo scemate ventrem
Demissum, nucis aut ovi versatilis instar,
Vel qualis manibus quondam suspensa supinis
Lucet agens circum lomenti bulla salivam,
Ante recens maceretur aquis quam spuma refusis,
Dum lentescit adhuc digitis luctantibus et se
Alternis vicibus studioque fricantibus uno
Inter utramque manum parvo fit parvus hiatu
Exitus, huc stricto lenis meat ore Nothi vis,
Distenditque cavum vitrea sub imagine pondus,
Et centrum medio confingit labile fundo,
Undique conveniat camyri quo inflexio tecti.

C, *K*, *L*

---

155 natrire *K*. 156 arrida *K*, atrida *L*. 157 pulcherima *K*. 158 inticta *K*. 160 Cum *C*. 162 oui *corr. ex* ovis *C*. 165 refulsis *K*. 168 Inter] In *L*. 169 metat *K*. 172 camyri] *ita C*, *K*; cameri *L*. *Cf. app. gloss.*

Glossae et scholia:

156 species] hoc genus *L*.

157 Terga] vel tecta *L*. (*Glossa altera:*) vel super terga terrae iacens *L*.

158 Solibus] in *L*. flavos] keleuua *L*. intincta] id est: flavos colores intinctos habens *L*.

159 calathos] zeinun *L*. (*Glossa altera in marg. ad v. 158:*) proprie zuuisumbrinvn *L*.

160 aliis] peponibus *L*.

161 scemate] forma *L*.

164 agens] circum- *L*. lomenti] sciflodres *L*. bulla] platra *L*. salivam] seiurun *L*.

165 maceretur] attenueretur *L*. spuma] sciflodar *L*. refusis] in *L*.

166 lentescit] haftet *L*.

167 fricantibus] ribenden *L*.

168 parvo . . . hiatu] parva apertione *L*.

169 stricto] conangusto *L*. Nothi] flaminis *L*.

171 medio] in *L*. labile] ad imas manus, id est medietatem labilem *L*.

172 camyri] pro camerati *L*. quo] dara *L*. tecti] Cameratum tectum dicit concavas manus *L*.

Kriechen auf staubigem Grund und runde Früchte erzeugen.
Diese Sorte von Früchten, sie lagert sich meist auf des Bodens
Trockenem Rücken und schwillt in erstaunlich mächtigem Wachstum,
Bis sie dann, gelblich gefärbt von den Sonnenstrahlen des Sommers,
Füllet mit reifem Ertrag die Körbe des erntenden Gärtners.
Dann kann man sehn, daß die einen von ziemlich schlanker Gestalt sind,
Andre dagegen, mit wohlentwickeltem Bauch, sind ovaler
Form, dem beweglichen Rund einer Nuß, eines Eis zu vergleichen,
Ähnlich wohl auch einer Kugel, die hängt an gebogenen Händen,
Glänzend sich dreht als Blase um schäumende Seife beim Waschen,
Ehe der Schaum noch zergeht, zurückgeflossen zu Wasser;
Während er steif noch steht an den festverschlungnen, in einem
Eifer sich gegenseitig und wechselnd reibenden Fingern,
Öffnet sich zwischen den Händen nur eng ein Durchpaß und Ausgang;
Bläst man hinein aus zusammengezogenem Munde den Atem,
Dehnt sich die luftige Masse, wie wenn aus Glas sie bestünde,
Formt eine Kugel, schwebend genau an der Stelle des Grundes,
Wo sich die Wölbung der Hände von allen Seiten vereinigt.

Abb. 10 Wermut, «dessen biegsame Zweige dem Beifuß, der Mutter der Kräuter, ähneln» (v. 182sq.).

Ergo calybs huius penetrat dum viscera pomi,
Elicit humoris largos cum semine rivos
Multiplici: tum deinde cavum per plurima tergus
Frusta manu spargens hortorum laetus opimas
Delicias conviva capit, candorque saporque
Oblectant fauces, nec duros illa molares
Esca stupere facit, facili sed mansa voratu
Vi naturali frigus per viscera nutrit.

IX ABSINTHIUM

Proximus absinthi frutices locus erigit acris
Herbarum matrem simulantes vimine lento.
In foliis color est alius, ramisque odor alter
Puberibus, longeque saporis amarior haustus.
Ferventem domuisse sitim, depellere febres
Hoc solet auxilium clara virtute probatum.
Si tibi praeterea caput acri forte dolore
Pulsetur subito, vel si vertigo fatiget,

C, *K*, *L*

---

173 calyps *L*, *K*. huius *corr. ex* huis *K*. 174 Elicit humoris *corr. ex* Et licit umoris *C*. largo *C*. 175 terga *K*. 176 Frustra *K*. 177 Delitias *L*. onuiua *K*. 178 Oblectat *K*. IX] VIIII *C*; *numerus deest* *K*, *L*. DE ABSINTHIO *L*; *om*. *C*, *K*. 181 Proximus] *Litt. grandiorem* P *exhibent* *C*, *K*, *L*. absintis *K*. 182 simulante *K*. 183 calor *L*. 184 haustum *K*. 185 Feuentem *K*.

Glossae et scholia:
173 calybs] cultellus *L*.
175 deinde] postea *L*.
176 spargens] zelegendi *L*.
179 stupere] eriligon *L*. mansa] participium a mandor, manderis. (*Glossa altera:*) Hic dissuadet te ab esca peponum *L*.
181 absinthi] uuermotvn *L*. (*Glossa altera:*) apocope pro absinthii *L*.
182 Herbarum matrem] hermaltun *L*. matrem] id est buccam *L*. vimine] in *L*. (*Glossae aliae:*) id est: stirpe, selpoume *L*.
183 foliis] scilicet absinthii *L*. alius] scilicet quam in bucca *L*. ramisque] et in *L*.
184 Puberibus] teneris *L*. longeque] valde *L*.
186 auxilium] absinthii *L*. probatum] famatum *L*.
187 praeterea] praeter hanc medicinam *L*.
188 vertigo] svintilot *L*.

Wenn nun tief in den Leib dieser Frucht eindringet das Messer,
Locket es reichliche Bächlein hervor, und es schwimmen im Safte
Massenhaft Samen. Zerteilt man das hohle Gehäuse von Hand in
Zahlreiche Stückchen, so freut sich der Gastfreund bei Tische des guten
Leckerbissens der Gärten. Denn Weiße des Fleischs und Aroma
Schmecken dem Gaumen, und nicht wird solcherlei Speise die harten
Backenzähne erschrecken: gekaut schon im eiligen Schluck, hält
Kühl mit natürlicher Kraft sie die Eingeweide des Leibes.

IX WERMUT (Abb. 10)

Dicht daneben der Platz trägt die Stauden des bitteren Wermuts,
Dessen biegsame Zweige dem Beifuß, der Mutter der Kräuter,
Ähneln. Doch anders die Farbe des Laubs, der entwickelten Zweige
Duft ist ein anderer, und schmeckt viel bittrer beim Trinken.
Brennenden Durst zu bezwingen und Fieberglut zu vertreiben,
Diese Wirkung durch rühmliche Kraft kennt man lang aus Erfahrung.
Auch wenn plötzlich vielleicht der Kopf dir hämmert in scharfem
Stechendem Schmerz oder quälender Schwindel erschöpfend dich [heimsucht,

Abb. 11 Andorn, «das schätzbare, kräftig wirkende Kraut» (v. 197sq.).

Huius opem rimare, coquens frondentis amaram
Absinthi silvam, tum iura lebete capaci
Effunde et capitis perfunde cacumina summi.
Quo postquam ablueris graciles humore capillos,
Devinctas frondes super imposuisse memento.
Tum mollis fotos constringat fascia crines,
Et post non multas elapsi temporis horas
Hoc inter reliquas eius mirabere vires.

X MARRUBIUM

Quid referam iuxta positi nimiumque potentis
Marrubii non vile genus, licet acrius ora
Mordeat et longe gustum disiungat odore.
Dulce enim olet, non dulce sapit, sed pectoris aegros
Comprimit angores, tristi dum sumitur haustu,
Praecipue talis caleat si potus ab igni
Et coenam cyatis cogatur claudere crebris.
Siquando infensae quaesita venena novercae

C, *K*, *L*

---

192 umore *C*. 193 Deuictas *C*. inposuisse *K*, *L*. 194 Cum *C*. X] *C*; *numerus deest K*, *L*. DE MARRUBIO *L*; *om*. *C*, *K*. 197 Quid] *Litt. grandiorem* Q *exhibent C*, *K*, *L*. 198 licet *corr. ex* liet *K*. 199 gestum *K*. distinguat *L*. 201 haustum *K*. 202 igne *K*. 203 cęnam *codd. omnes*.

Glossae et scholia:

190 Absinthi] pro absinthii *L*. silvam] folia *L*. iura] láb *L*. lebete] ex *L*. (*Glossa altera:*) unum vas pro alio *L*.
192 graciles] per *L*.
193 frondes] folia *L*.
194 fotos] kesuedita *L*. fascia] vuintinc *L*.
196 Hoc] Hanc capitis medicinam *L*. mirabere] -is *L*.
198 Marrubii] andornes *L*. non vile] id est: nobile *L*.
200 Dulce] per parenthesin; quia *L*. sapit] smecchit *L*.
201 Comprimit] stillat *L*. tristi] qui tristes facit *L*.
202 igni] id est: si hunc potum calefactum frequenter post cęnam bibitas *L*.
203 Et] si *L*. cyatis] cum *L*. claudere] finire *L*.
204 infensae] iratę *L*. venena] venenosas herbas *L*.

Wende an ihn dich um Hilfe und koche des laubigen Wermuts
Bitteres Grün; dann gieße den Saft aus geräumigem Becken
Und überspüle damit den höchsten Scheitel des Hauptes.
Hast du mit dieser Brühe die feinen Haare gewaschen,
Lege dir auf, daran denke, zusammengebundene Blätter,
Und eine mollige Binde umschlinge das Haar nach dem Bade.
Ehe noch zahlreiche Stunden im Laufe der Zeit verrinnen,
Wirst du dies Mittel bewundern nebst all seinen anderen Kräften.

X ANDORN (Abb. 11)

Soll ich den Andorn daneben erwähnen, das schätzbare, kräftig
Wirkende Kraut, mag schärfer er zwar auch brennen im Munde
Und im Geschmack sich weit unterscheiden von seinem Geruche?
Duftet er süß, so schmeckt er nicht süß. Doch vermag er zu lindern
Arge Beklemmung der Brust, geschluckt als bitteres Tränklein,
Ganz besonders jedoch, wenn er heiß vom Feuer geschlürft wird,
Und man sich zwingt, nach dem Mahl davon becherweise zu trinken.
Sollten dir Stiefmütter je feindselig bereitete Gifte

Abb. 12 «er hebt sich / kräftig im Sproß und er strecket zur Seite die Arme der Zweige» (v. 208sq.). Echter Fenchel

Potibus inmiscent dapibusve aconita dolosis
Tristia confundunt, extemplo sumpta salubris
Potio marrubii suspecta pericula pressat.

XI FOENICULUM

Nec maratri taceatur honor, quod stipite forti
Tollitur et late ramorum brachia tendit,
Dulce satis gustu dulcem satis addit odorem.
Hoc oculis, quos umbra premit, prodesse locuntur,
Huius item semen foetae cum lacte capellae
Absumptum ventris fertur mollire tumorem
Cunctantisque moras dissolvere protinus alvi.
Praeterea radix maratri commixta liquori
Lenaeo tussim percepta repellit anhelam.

C, E (v. 208, 209, 211–216), K, L

---

206 extimplo *L.* sumta *K.* 207 Pocio *K.* XI] C; *numerus deest K, L.* DE FĘNICULO *L*; *om. C, K.* 208 Nec] *Litt. grandiorem* N *exhibent K, L.* 211 Hic *E.* loquentur *L.* 212 f&tę *corr. in* fo&tę *C*, fete *E, K*, foetae *corr. ex* foetet *L.* 213 Assumptum *L.* 214 dissolvet *E.* 216 Leneo *K.* praecepta *K.*

Glossae et scholia:

205 dapibusve] cum *L.* (*Glossa altera:*) siquando *L.* aconita] herba venenosa, quę vultum ita contrahit, ut ridentes intereant *L.*

206 Tristia] nociva *L.* confundunt] commiscent *L.* salubris] salutifera *L.*

207 suspecta] sollicita *L.* (*Glossa altera:*) zureuvaren *L.*

208 maratri] Maratrix graece, latine fęniculum, quasi foenum oculorum, quod illorum medelae prosit *L.*

209 tollitur] sus- *L.*

211 umbra] stirnilod *L.*

213 Absumptum] potatum *L.*

214 Cunctantisque] id est irrenton *L.* dissolvere] solutionem facere *L.* (*Glossa altera:*) losen *L.*

216 Lenaeo] id est: vino, quod leniter intret *L.* anhelam] quę anhelos facit *L.*

Mischen in das Getränk oder trügenden Speisen verderblich
Eisenhut mengen, so scheucht ein Trank des heilkräftigen Andorns,
Unverzüglich genommen, die drohenden Lebensgefahren.

XI FENCHEL (Abb. 12)

Auch die Ehre des Fenchels sei hier nicht verschwiegen; er hebt sich
Kräftig im Sproß und er strecket zur Seite die Arme der Zweige,
Ziemlich süß von Geschmack und süßen Geruches desgleichen.
Nützen soll er den Augen, wenn Schatten sie trübend befallen,
Und sein Same mit Milch einer trächtigen Ziege getrunken,
Lockre, so sagte man, die Blähung des Magens und fördere lösend
Alsbald den zaudernden Gang der lange verstopften Verdauung.
Ferner vertreibt die Wurzel des Fenchels, vermischt mit dem Weine,
Trank des Lenaeus*, und so genossen, den keuchenden Husten.

* Beiname des Bacchus.

Abb. 13 «Du bescherst mir den Schmuck deiner purpurfarbenen Blüte / früh im Sommer» (v. 219sq.). Schwertlilie

XII GLADIOLA

Te neque transierim Latiae cui libera linguae
Nomine de gladii nomen facundia finxit.
Tu mihi purpurei progignis floris honorem
Prima aestate gerens violae iucunda nigellae
Munera, vel qualis mensa sub Apollinis alta
Investis pueri pro morte recens Iacinctus
Exiit et floris signavit vertice nomen.
Radicis ramenta tuae siccata fluenti
Diluimus contusa mero saevumque dolorem
Vesicae premimus tali non secius arte.
Pignore fullo tuo lini candentia texta
Efficit, ut rigeant dulcesque imitentur odores.

C, *K*, *L*

XII] *C*; *numerus deest K*, *L*. DE GLADIOLA *L*; *om*. *C*, *K*. 217 Te] *Litt. grandiorem* T *exhibent K*, *L*. lacie *K*. 220 Primę state *K*. iocunda *K*, *L*. 222 Iacinctus] yacinctus *littera y in rasura L*, yacincthus *C*, yacinthus *K*. 225 contunsa *K*, concussa *L*. 226 setius *L*. 227 candenti adexta *C*, candencia *K*. 228 rigeat *K*.

Glossae et scholia:

217 Te] ó gladiola *L*. (*Glossa altera:*) suertella *L*. Latiae] latine *L*. (*Glossa altera:*) late tendens *L*.

218 gladii] suertes *L*.

219 purpurei] rubicundi *L*.

220 Prima] in *L*. P. aestate] in vere *L*.

221 Munera] id est: speciem violae, quę mox in vere nascitur *L*.

222 Investis] inberbis *L*. Iacinctus] Apollo et Boreas Iacinctum amaverunt, qui cum magis Apollinis amore lętaretur, dum exerceretur, id est dum non ludit, ab irato Borea in eodem disco est interemptus et mutatus in florem sui nominis *L*.

223 Exiit] emanavit *L*. signavit] In summitate habet formam **Y** litterę *L*.

224 ramenta] id est: rami *L*. fluenti] cum *L*.

225 Diluimus] commiscemus *L*.

226 secius] minus; quod ramenta vino contunsa medelam praestant *L*.

227 Pignore] cum auxilio *L*. fullo] vueskil lauentari *L*.

228 -que] et ut *L*.

XII SCHWERTLILIE (Iris germanica) (Abb. 13)

Dich will ich nicht übergehen, Gladiole, deren Benennung
Nach dem Namen des Schwerts die lateinische Sprachkunst gebildet.
Du bescherst mir den Schmuck deiner purpurfarbenen Blüte
Früh im Sommer anstelle des dunkellieblichen Veilchens.
Oder du gleichst Hyazinth, der am Altar Apollos als Blume
Wiedererstand, aus dem Tod des bartlosen Jünglings geboren
Und an der Blüte Stirn seines Namens Zeichen* verewigt.
Deiner Wurzel getrocknete Stückchen lösen zerrieben
Wir in flüssigem Wein, und der Blase grausame Schmerzen
Dämpfen nicht minder wir trefflich mit diesem künstlichen Heiltrank.
Du gibst dem Walker das Mittel, mit dem er das Leinengewebe
Glänzend und steif appretiert und ihm Duft wie von Blumen verleihet.

* nämlich die Buchstaben **AI**, die man glaubte, in den drei unteren Blütenblättern der Hyazinthe lesen zu können. Die Geschichte erzählen Ovid, Metamorphoses X 162–219 und Plinius, Naturalis historia XXI 66.

Abb. 14 «Liebstöckel, kräftiges Kraut ...» (v. 229).

XIII LYBISTICUM

Inter odoratam memorare lybistica silvam
Fortia, suadet amor parvi diffusior horti.
Hoc germen suco quamvis et odore gemellis
Orbibus officere et tenebras inferre putetur,
Semina saepe tamen quaesitis addere curis
Parva solet famamque aliena laude mereri.

XIV CERFOLIUM

Quae tot bellorum, tot famosissima rerum
Magnarum monimenta sacro pia conficis ore,
Exiles, Erato, non dedignare meorum
Divitias holerum versu perstringere mecum.
Infirmis divisa licet Macedonia ramis
Spargitur et crebris ignobile semen aristis

C, *K*, *L*

XIII] *C*; *numerus deest K*, *L*. DE LIBISTICO *L*; *om*. *C*, *K*. 229 Inter] *Litt. grandiorem* I *exhibent K*, *L*. 231 germem *K*. et odore] odorare *K*. 233 quaesistis *L*. adere *K*. XIV] XIIII *C*; *numerus deest K*, *L*. DE CERFOLIO *L*; *om*. *C*, *K*. 235 *Litt. grandiorem* Q *exhibent K*, *L*. lellorum *K*. 236 monumenta *K*. 238 Diuicias *K*. 239 mecedonia *L*. 240 aristas *K*.

Glossae et scholia:

229 odoratam] odoriferam *L*. lybistica] lubestechel *L*.

230 diffusior] magnus *L*.

232 Orbibus] oculis *L*. officere] nocere *L*.

233 Semina] grana *L*. quaesitis] id est: aliis herbis ex cura et labore perceptis *L*.

234 aliena] id est: quod per se ipsum non potest, aliis herbis mixtum facit *L*.

235 tot] innumerabilia *L*. rerum] scilicet cęterarum, id est: bella. (*Glossa altera:*) Quę et elegantiores res commemoras, etiam viliora dicere non dedignare *L*.

237 Exiles] viles *L*. Erato] ó *L*.

239 Infirmis] mollibus *L*. Macedonia] cerifolium *L*. (*Glossa altera:*) a civitate Grecię, unde ad nostros usus delata est *L*.

240 crebris] scilicet: licet multiplicibus *L*. ignobile] parvum *L*. aristis] foliis *L*.

XIII LIEBSTÖCKEL (Abb. 14)

Liebstöckel, kräftiges Kraut, es zu nennen im duftenden Dickicht,
Heißt mich die Liebe, mit der ich im Gärtchen alles umfasse.
Zwar durch Saft und Geruch, so glaubt man, soll diese Pflanze
Schaden den Zwillingssternen der Augen und Blindheit bewirken.
Fügt sie jedoch ihre Sämchen als Beisatz zu andern Arzneien,
Pflegt sie durch fremdes Verdienst sich manchmal Lob zu erwerben.

XIV KERBEL (Abb. 15)

Die du mit heiligem Mund das hochberühmte Gedächtnis
So vieler Kriege besingst und so viel bedeutender Taten,
Fromme Erato*, verschmähe es nicht, den bescheidenen Reichtum
Meiner Gewächse im Garten mit mir im Gedicht zu durchgehen.
Spreitet der Kerbel, dies Kraut Mazedoniens, schwächliche Zweige,
Mag er in zahlreichen Dolden geringen Samen nur liefern, –

* Muse des Tanzes und der lyrischen Poesie, hier wohl analog zu Virgil, Aeneis VII 37 angerufen (Beginn des zweiten Teils der Aeneis mit Erzählung der kriegerischen Ereignisse in Italien).

Abb. 15 Garten-Kerbel, «jahraus, jahrein stets frisch zu bekommen» (v. 241).

Sufficit, illa tamen toto reparabilis aevo
Pauperiem largo solatur munere plebis
Indiguae nec non restringere sanguinis undas
Corpore diffusas facili solet obvia gustu.
Illa quoque, infesto venter dum forte dolore
Turbatur, fomenta super non irrita ducit
Puleium sibimet frondesque papaveris addens.

XV LILIUM

Lilia quo versu candentia carmine quove
Ieiunae macies satis efferat arida Musae?
Quorum candor habet nivei simulacra nitoris,
Dulcis odor silvas imitatur flore Sabeas.
Non Parius candore lapis, non nardus odore
Lilia nostra premit; nec non si perfidus anguis
Ingenitis collecta dolis serit ore venena
Pestifero, caecum per vulnus ad intima mortem

C, K, L

---

241 aevo] ita *L*; anno *C, K*. 243 restringuere *C*. 245 inferto *C*. 247 <Cer>folium *in marg. L*. XV] *C*; *numerus deest K, L*. DE LILIO *L*; *om. C, K*. 248 Lilia] *Litt. grandiorem* L *exhibent K, L*. caNdentia *corr. ex* cadentia *C*, candencia *K*. 249 maties *L*. 250 simularcha *L*. 252 non nardus] nonarđ *K*.

Glossae et scholia:

241 Sufficit] administrat *L*. reparabilis] semper viridis per totum annum *L*.
242 largo] cum *L*.
243 nec non] id est: insuper *L*. restringere] streden duuingan *L*.
244 facili] parvo *L*.
245 Illa] Macedonia *L*. infesto] inimico inportuno *L*.
246 fomenta] suedi *L*. irrita] vana *L*.
247 frondesque] id est: folia *L*.
249 Ieiunae] indocilis *L*.
250 Quorum] scilicet liliorum *L*. candor] id est: candida *L*. nivei] scilicet sicut nix *L*.
251 flore] in *L*. Sabeas] candore turis, quod in Saba nascitur *L*.
252 candore] cum *L*. odore] cum *L*.
253 premit] ne tuderit *L* (*cf. v. 407sqq.*). nec non] insuper *L*.
254 Ingenitis] ex innatis *L*.

Mildert er doch, jahraus, jahrein stets frisch zu bekommen,
Armut bedürftiger Leute mit seinen reichlichen Gaben,
Und es fehlt ihm, als schmackhaftes Mittel zur Hand, auch die Kraft
Bächlein des Blutes, rieselnd über den Körper, zu stillen. [nicht,
Auch falls einmal der Leib von lästigen Schmerzen gequält wird,
Läßt er als Umschlag sich brauchen, nicht ohne vortreffliche Wirkung,
Wenn er Minze sich selbst und Blätter des Mohnes hinzufügt.

XV LILIE (Abb. 16)

Leuchtende Lilien, wie soll im Vers und wie soll im Liede
Würdig euch preisen die dürftige Kunst meiner nüchternen Muse?
Euer schimmerndes Weiß ist Widerschein schneeigen Glanzes,
Holder Geruch der Blüte gemahnt an die Wälder von Saba.
Nicht übertrifft an Weiße der parische Marmor die Lilien,
Nicht an Düften die Narde. Und wenn die tückische Schlange
Listiger Art gesammeltes Gift aus verderblichem Munde
Spritzt und grausamen Tod durch rasch geschlossene Wunde

Abb. 16 «Euer schimmerndes Weiß ist Widerschein schneeigen Glanzes» (v. 250). Madonnen-Lilie

Corda feram mittens, pistillo lilia praestat
Commacerare gravi sucosque haurire Falerno.
Si, quod contusum est, summo liventis in ore
Ponatur puncti, tum iam dinoscere vires
Magnificas huiusce datur medicaminis ultro.
Haec etiam luxis prodest contusio membris.

XVI PAPAVER

Et Cereale quidem nugarum in parte papaver
Hac memorare placet, quod raptu maesta puellae
Mater, ut immensis optata oblivia mentem
Exuerent curis, fertur Latona vorasse.
Hoc simul auxilio carbunculus ater ab imo
Pectore, qui ructus nimium convolvit amaros
Oris adusque fores, reprimi persaepe videtur.
Huius ad alta caput granorum semine foetum

C, K, L

---

256 pistrillo *K.* 258 contunsum *K, L.* est *om. L.* ore *corr. ex* honore *L.* 260 Manificas *C;* Magnificas *corr. ex* Magificas *K.* 261 eciam *K.* luxis] *C,* laxis *K, L.* contunsio *K, L.* XVI] *C; numerus deest K, L.* DE PAPAUERE *L; om. C, K.* 262 Et] *Litt. grandiorem* E *exhibent K, L.* 263 raptum *K,* rapta *L.* puella *L.* 264 inmensis *K, L.* obliuio *L.* 265 Exueret *L.* 269 f&tum *C,* fetum *K,* fętum *L.*

Glossae et scholia:

256 pistillo] cum *L.* (*Glossa altera:*) ripile *L.* praestat] utile est *L.*
257 sucosque] scilicet lilii *L.* Falerno] cum *L.*
258 liventis] cerulei *L.*
259 puncti] hecches *L.*
260 ultro] mox *L.*
261 laxis] paraliticis *L.* (*Glossa altera:*) paralisi dissolutis *L.*
262 Cereale] pransibile *L.* nugarum] posungon *L.*
263 raptu] a Plutone *L.*
264 immensis] ab *L.*
265 vorasse] comedisse *L.*
266 carbunculus] soto *L.*
267 ructus] roffezunga *L.*
268 persaepe] valde *L.*
269 caput] papaveris cacumina *L.* foetum] geuaragez *L.*

Sendet ins innerste Herz, dann zerreibe Lilien im Mörser,
Trinke den Saft, dies erweist sich als nützlich, mit schwerem Falerner.
Oder bei Quetschungen lege man sie auf die bläuliche Stelle,
Alsbald wird man auch hier zu erkennen vermögen die Kräfte,
Die diesem heilenden Stoffe gegeben sind, Wunder bewirkend.
Schließlich hilft Liliensaft auch, wenn sich die Glieder verrenken.

XVI SCHLAFMOHN (Abb. 17)

Hier gefällt es mir wohl, im Kranz meiner leichten Gedichtchen
Nun den Schlafmohn der Ceres zu nennen, den die Mutter Latona
Trauernd wegen des Raubs ihrer Tochter* genossen, so sagt man,
Daß ersehntes Vergessen die Brust ihr vom Kummer befreie.
Zugleich vermag, wie man sieht, ein schlimmes Geschwür, das unleidlich
Bitter vom Grunde der Brust bis hinauf zur Pforte des Mundes
Aufstößt, mit Hilfe des Mohns sehr häufig Heilung zu finden.
Trächtig von körnigen Samen vermag sich sein Haupt an dem
[schwachen,

* Proserpina.

Abb. 17 «Trächtig von körnigen Samen vermag sich sein Haupt an dem schwachen, / vorgeneigt hangenden Halse hinauf zur Höhe zu strecken» (v. 269sq.). Schlafmohn

Protento fragilique solet se tollere collo,
Inque modum mali, regio cui Punica nomen
Indidit, unius patulo sub pellis amictu
Grana celebrandae virtutis plurima claudit,
Deque sono mandentis habet formabile nomen.

XVII SCLAREGA

Hic umbrosa novos inter sclarega virores
Stipite praevalido assurgens ramosque comasque
Altius extollit: quae quamvis rarius ulli
Quaesita auxilio medicorum paene putetur
Effugisse manus, dulci tamen indita caldae
Et vires et odorati fermenta saporis
Praestat. Eam iuxta hortensis non extima costi
Silva latet stomachique moras ventremque salubri
Provocat auxilio radicis munere coctae.

C, *K*, *L*

---

271 regi *C*. XVII] *C*; *numerus deest K*, *L*. DE SCLAREGA *L*; *om*. *C*, *K*. 275 Hic] *Litt. grandiorem* H *exhibent K*, *L*. 277 Alcius *K*. 280 et^{2} *om*. *K*.

Glossae et scholia:

270 Protento] cum longo *L*. (*Glossa altera:*) mit smalamo *L*. tollere] at- *L*. collo] stingile *L*.
271 Punica] Affrica *L*.
274 formabile] formatum *L*.
275 sclarega] scaralinga *L*.
276 comasque] folia *L*.
277 quae] sclarega *L*. rarius] comparativus pro positivo *L*.
279 caldae] caldurę *L*. (*Glossa altera:*) Calda dicitur quasi calida, sicut valde dicimus pro valide *L*.
280 odorati] ad discretionem pigmenti eiusdem nominis *L*.
281 hortensis] des kartlichin *L*. extima] extrema *L*.
282 latet] furestelle *L*.
283 munere] cum *L*.

Vorgeneigt hangenden Halse hinauf zur Höhe zu strecken,
Und nach Art der Granate, des Apfels aus punischem Lande,
Unter dem faltigen Mantel der einzigen Schale verbirgt er
Körner in reichlicher Fülle von hochzupreisender Wirkung,
Und vom Geräusch des Kauens empfing er den sprechenden Namen.

XVII MUSKATELLERSALBEI (mit Frauenminze) (Abb. 18 und 19)

Hier unter jungem Grünzeug erhebt sich mit kräftigem Stengel
Dunkle Sclarega, nach oben entfaltet sie Zweige und Blätter.
Da sie nur selten zur Hilfe in Krankheit irgend verlangt wird,
Möchte man glauben, sie sei wohl den Händen der Ärzte entgangen.
Gleichwohl vermag sie zu spenden, in süßwarmes Wasser gegeben,
Heilende Kräfte sowohl wie Tränke von duftender Würze.
Dicht bei ihr verbirgt sich ein Wäldchen, und nicht als das letzte,
Costus des Gartens. Kocht man die Wurzel, mit heilsamer Hilfe
Fördert sie träge Verdauung und regelt glücklich den Stuhlgang.

Abb. 18 «Hier unter jungem Grünzeug erhebt sich mit kräftigem Stengel / dunkle Sclarega» (v. 275sq.). Muskatellersalbei

XVIII MENTA

Nec mihi defuerit vulgaris copia mentae
Multa per et genera et species diversa coloresque
Et vires; huius quoddam genus utile vocem
Raucisonam claro rursus redhibere canori
Posse putant, eius sucos si fauce vorarit
Ieiuna, quem crebra premens raucedo fatigat.
Est aliud praepingue genus huiusce frutecti,
Quod iam non parvi diffundat germinis umbras,
Celsa ebuli sed more petens a stipite forti
Undique maiores foliorum prorogat alas,
Quis odor alter inest pauloque immitior haustus.
Sed si quis vires speciesque et nomina mentae
Ad plenum memorare potest, sciat ille necesse est,
Aut quot Eritreo volitent in gurgite pisces,
Lemnius aut altum quot in aera Mulcifer ire
Scintillas vastis videat fornacibus Aetnae.

C, *K*, *L*

XVIII] *C*; *numerus deest K*, *L*. DE MENTA *L*; *om. C*, *K*. 284 Nec] *Litt. grandiorem* N *exhibent C*, *K*, *L*. uulguaris *K*. 291 umbra *K*. 293 filiorum *C*. ales *K*. 296 est *om. K*. 297 quod *K*. eritreo *C*, erit ereo *K*, erithreo *L*. pissces *K*. 299 Scintillas] Sint illas *K*., ęthnę *K*, aethnę *L*.

Glossae et scholia:

284 mihi] scilicet in meo horto *L*. vulgaris] quę vulgo nascitur *L*. mentae] minzzun *L*.
285 species] ketat *L*.
287 canori] sonoritati vel serenitati *L*.
290 frutecti] mentae *L*.
292 ebuli] ataches *L*.
293 Undique] enahalp *L*. prorogat] protendit *L*.
294 immitior] amarior *L*. haustus] zug *L*.
296 plenum] perfectum *L*.
298 Lemnius] a Lemno insula *L*. aera] graecus accusativus *L*. Mulcifer] Vulcanus a molliendo ferro *L*.
299 vastis] ex *L*.

XVIII MINZE (Abb. 20)

Nimmer fehle mir auch ein Vorrat gewöhnlicher Minze,
So verschieden nach Sorten und Arten, nach Farben und Kräften.
Eine nützliche Art soll die rauhe Stimme, so sagt man,
Wieder zu klarem Klang zurückzuführen vermögen,
Wenn ein Kranker, den häufige Heiserkeit quälend belästigt,
Einnimmt trinkend als Tee ihren Saft mit nüchternem Magen.
Noch eine Art dieser Pflanze, von mastigem Wuchs, ist vorhanden,
Die nicht mehr bloß eines kleinen Gewächses Schatten verbreitet,
Sondern nach Art des Holunders mit starkem Stengel emporstrebt,
Spreitend rings in der Runde die großen Flügel der Blätter.
Anders ist ihr Geruch und ihr Saft etwas herber zu trinken.
Wenn aber einer die Kräfte und Arten und Namen der Minze
Samt und sonders zu nennen vermöchte, so müßte er gleich auch
Wissen, wie viele Fische im Roten Meere wohl schwimmen,
Oder wie viele Funken Vulcanus, der Schmelzgott von Lemnos,
In die Luft steigen sieht aus den riesigen Essen des Aetna.

Abb. 19 Frauenminze, Marienblatt, Frauenblatt, Balsamkraut, «Costus des Gartens» (v. 282).

XIX PULEIUM

Non patitur cunctas angustia carminis huius
Pulei virtutes celeri comprendere versu.
Hoc apud Indorum tanti constare peritos
Fertur, apud Gallos quanti valet Indica nigri
Congeries piperis. Quis iam dubitare sinetur
Hac herba plures leniri posse labores,
Quam pretiis inhianter emit ditissima tantis
Gens hebenoque auroque fluens et mira volenti
Quaeque ferens mundo. O magni laudanda Tonantis
Virtus et ratio, nullis quae munera terris
Larga suae non pandit opis, quae rara sub isto
Axe videre soles, aliis in partibus horum
Copia tanta iacet, quantam vilissima tecum
Efficiunt: rursus quaedam, quae spreta videntur
Forte tibi, magno mercantur ditia regna,
Altera ut alterius potiatur foenore tellus,
Orbis et in toto per partes una domus sit.

C, K, L

XIX] XVIIII *C*; *numerus deest K, L.* DE PULEIO *L*; *om. C, K.* 300 Non] *Litt. grandiorem* N *exhibent C, K, L.* 301 compreendere *corr. ex* comprehendere *C*, comprehendere *K.* 302 aput *L.* indorum *corr.(?) ex* inodorum *C.* 303 aput *L.* quati *K.* 305 dolores *L.* 306 preciis *K, L.* didissima *C.* 309 racio *K.* nullis quae] nullisque *K.* ternis *K.* 310 Laga *K.* 314 dicia *K.* 315 Alter *L.* pociatur *K.* 316 dumus *K.*

Glossae et scholia:

302 tanti] scilicet precii *L.* peritos] medicos *L.*
303 Indica] indiskiu *L.*
305 Hac] cum *L.*
306 inhianter] avide *L.*
307 hebenoque] id est *L.* fluens] habundans *L.*
309 ratio] sapienti<a> *L.*
312 quantam] scilicet copiam *L.*
314 magno] pretio *L.*
316 Orbis] telluris *L.* toto] scilicet orbe *L.*

XIX POLEIMINZE (Abb. 21)

Nicht erlaubt des Gedichtes Kürze, die Tugenden alle
Dieser Minze Polei in eilendem Vers zu erfassen.
Soviel soll bei den kundigen Ärzten der Inder sie gelten,
Wie bei den Galliern wert ist ein ganzer Vorrat des schwarzen
Indischen Pfeffers. Vermöchte da einer noch länger zu zweifeln,
Daß gar manche Beschwerden gelindert werden durch dieses
Kraut, wenn zu höchstem Preis es begierig erwirbt jenes reichste
Volk, das in Ebenholz schwelgt und in Gold, und welches dem Erdkreis
Köstliches liefert, was immer er will. O wie hoch sind zu preisen
Güte und Weisheit des mächtigen Donn'rers, die keinem der Länder
Herrliche Gaben des Reichtums versagen; denn was unter diesem
Himmel du selten nur siehst, – in anderer Gegend ist dessen
Solche Fülle vorhanden wie hier von gewöhnlichsten Dingen.
Andererseits, was dir wertlos erscheint und verächtlich, das kaufen
Mächtige Reiche vielleicht bei dir zu beträchtlichen Preisen,
So daß Anteil gewinne *ein* Land am Ertrage des andern
Und durch die Teile der Erde ein einziger Haushalt bestehe.

Abb. 20 «... Minze, so verschieden nach Sorten und Arten, nach Farben und Kräften» (v. 284sq.). Roß-Minze

Puleium quoque decoctum curabit, amice,
Et potu et fotu stomachum – mihi crede – morantem.
Dum canimus, quae certa gravi ratione tenemus,
Quaedam audita etiam vero miscere coturno
Fas ususque sinit: ramum coniungito pulei
Auriculae, ne forte caput turbaverit aestus
Solis, in aerio si te perflarit aperto.
Quod nisi me currens deponere vela Thalia
Cogeret ac tandem portus intrare moneret,
Hinc tibi multiplices poteram decerpere flores.

C, K, L

317 amicę *C*. 319 racione *K*. 323 aeria *L*. 324 vela Thalia] vel/// *K*; vela *om*. *L*. 326 Hic *C*.

Glossae et scholia:

317 amice] ó *L*.

318 fotu] suedi *L*.

320 coturno] Coturnum poeticum calciamentum est; sed hic ponitur pro carmine *L*.

321 Fas] licentia scilicet poetarum *L*.

323 aperto] -tione *L*, *M*; id est apertione *A*.

324 Thalia] allegoria *L*.

325 intrare] id est: c///nire *L*; id est carmen finire *A*, *M* (*om*. id est).

326 Hinc] ex puleio *L*. decerpere] enarrare *L*.

'Poleiminze als Teeaufguß schafft Heilung, mein Lieber,
Sei es als Trank oder Umschlag'*, glaub mir, für den Gang der
[Verdauung.
Künden wir hier, was mit ernster Methode wir sicher erkannten,
Mögen nach Recht und Brauch wir einiges, was wir nur hörten,
Fügen in unser Gedicht: Steck einen Zweig Poleiminze
Dir hinters Ohr, daß Sonnenhitze nicht Kopfweh bewirke,
Wenn sie dich schwül durchströmt unter schattenlos heiterem Himmel. –
Wenn nicht, enteilend, Thalia** mich zwänge, die Segel zu streichen,
Und mich die Muse nicht mahnte, doch endlich den Hafen zu suchen,
Könnte ich, weitererzählend, dir mancherlei Blumen noch pflücken.

* Dieses Zitat – das einzige direkte und längere im Hortulus – stammt aus Quintus Serenus, Liber medicinalis (v. 313sq.), einem seit Karl d. Gr. am Aachener Hof bekannten und geschätzten Werk.
** Muse der dramatischen Dichtung (Komödie); hier bedeutet der Name kaum mehr als Muse im allgemeinen.

Abb. 21 «Poleiminze als Teeaufguß schafft Heilung, mein Lieber ...» (v. 317).

XX APIUM

Quamvis in nostris apium vilesceret hortis
Et solo id multi prodesse sapore putarint,
Plura tamen propriis medicamina viribus acri
Exhibet auxilio, cuius si trita capessas
Semina, torquentes urinae frangere tricas
Dicitur, ipsum etiam tenero cum germine mansum
Concoquit errantes stomachi penetralibus escas.
Corporis hunc regem turbans si nausia vexet,
Mox apium lympha tristique bibatur aceto,
Passio tum celeri cedet devicta medellae.

XXI VETTONICA

Montibus et silvis, pratis et vallibus imis
Vettonicae pretiosa licet collectio cunctis
Paene locis superet passim, tamen hanc quoque noster
Hortus habet cultaque docet mansuescere terra.

C, *K* (*usque ad v. 340*), *L*

XX] *C*; *numerus deest K*, *L*. DE APIO *L*; *om. C*, *K*. 327 Quamvis] *Litt. grandiorem* Q *exhibent K*, *L*. inostris *K*. 328 put/// *K*. 330 Exibet *K*, *L*. capessa/(?) *K*. 333 Coquit *K*. ęscas *L*. 334 naosia *K*. 335 lībatur *C*, *L*. 336 cęd& *C*. medell/// *K*. XXI] *C*; *numerus deest K*, *L*. DE UETTONICA *L*; *om. C*, *K*. 337 Montibus] *Litt. grandiorem* M *exhibent K*, *L*. 338 preciosa *K*. 339 Pęne L; Pene *C*, *K*.

Glossae et scholia:
328 Et] scilicet quamvis *L*.
331 tricas] moras *L*.
332 germine] stipite et frondibus *L*.
333 Concoquit] minuit *L*.

XX SELLERIE (Abb. 22)

Zwar ist in unseren Gärten der Sellerie billig geworden,
Und es meinten wohl viele, er tauge höchstens zum Würzen.
Dennoch bietet aus eigener Kraft er mehrere Mittel
Herber Hilfe. Wenn seine Samen zerrieben du einnimmst,
Kann, wie man sagt, er dich von quälendem Harnstau befreien.
Ißt man jedoch ihn selbst mit dem zarten Trieb, so verdaut er
Reste von Speisen, die noch im Innern des Magens rumoren.
Wenn den Tyrannen des Körpers würgender Brechreiz belästigt,
Trinke man Sellerie gleich mit herbem Essig und Wasser,
Und vor dem wirksamen Mittel wird schnell die Übelkeit weichen.

XXI BETONIE (Abb. 23)

Mag auch in Bergen und Wäldern, in Wiesen und Talgründen ringsum,
Aller Orten beinah, der Betonie köstliche Fülle
Häufig wildwachsend stehn, so besitzt doch auch sie unser Garten,
Und im bebauten Gefild gewöhnt er sie, sittsam zu werden.

Abb. 22 «es meinten wohl viele, er tauge höchstens zum Würzen» (v. 328).
Echter Sellerie, Eppich

Haec tantum meruit generali nomine laudis,
Ut si quid mea Musa velit superaddere, tandem
Mole operis devicta sui iam sentiat, illa
Utilitate minus quicquid deprompserit esse.
Hanc viridem si forte tuos coneris in usus
Carpere siccatamve hiemi deponere pigrae,
Turbida sive tuas oblectant pocula fauces,
Seu potius longo tibi defaecata labore
Dona placent, huius virtus mirabilis herbae
Omnia sufficiet, quam quosdam pendere tanti
Novimus, ut contra totam, quae iniuria corpus
Impetit interius, muniri viribus eius
Sese posse rati, soleant haurire diebus
Continuis hoc acre genus medicaminis almi.
Praeterea caput infesto si vulnere fractum
Tabuerit, tum crebra terens imponito sacrae
Tegmina vettonicae, statim mirabere vires
Illius, in solidum fuerit dum clausa cicatrix.

C, L

---

344 depromserit *L.* 345 conaris *C.* 347 sive] seu *C.* 348 defecata *L.* 353 solent *C.* 356 imponite *L.*

Glossae et scholia:
353 rati] ahtonta *L.*
357 Tegmina] folia *L.*

So viel Lob hat sie schon aus aller Munde geerntet,
Daß meine Muse, sofern sie noch weiteres beifügen wollte,
Alsbald, in eitlem Bemühen versagend, erkennte, es bleibe,
Was sie auch vorbringen könnte, doch alles ganz ohne Nutzen.
Wenn du es wohl unternimmst, sie zu pflücken und grün zu verwenden,
Oder getrocknet dem schleichenden Winter sie aufzubewahren,
Ob nun die Becher schäumenden Mosts deine Kehle erfreuen,
Oder dir eher geduldig geläuterte Gaben gefallen, –
Allem wird die erstaunliche Kraft dieses Krautes entsprechen.
So außerordentlich hoch, wir wissen es, schätzen sie manche,
Daß sie glauben, durch deren Heilkraft sich schützen zu können
Gegen jegliche Not, die den Körper innerlich angreift.
Ununterbrochen pflegen deshalb sie täglich zu trinken
Diese kräftige Sorte des heilsamen Medikamentes.
Außerdem, wenn dein Kopf von feindlicher Wunde getroffen
Leidet und krankt, dann lege die heilige Pflanze, zerrieben,
Fleißig als Umschlag dir auf, und alsogleich wirst du bewundern
Ihre heilende Macht, denn fest wird die Wunde sich schließen.

Abb. 23 «der Betonie köstliche Fülle ...» (v. 338). Betonie, Heilziest, Echter Ziest

XXII AGRIMONIA

Hic quoque sarcocolam, campos quae plurima passim
Vestit et effetis silvarum inventa sub umbris
Nascitur, ordinibus facile est discernere pulchris.
Haec praeter varium latae virtutis honorem
Trita domat ventris praedirum et pota dolorem.
Si quae forte calybs infensus vulnera membris
Indiderit nostris, huius temptare iubemur
Auxilium partique imponere tunsa patenti
Germina, maturum nacturi hac arte vigorem,
Si tamen addatur mordens cataplasmati acetum.

XXIII AMBROSIA

Haud procul ambrosiam, vulgo quam dicere mos est,
Erigitur, laudata quidem, sed an ista sit illa,
Cuius in antiquis celeberrima mentio libris
Fit, dubium est multis. Medici tamen arte suapte
Hanc utcumque colunt, tantum quae sanguinis hausta
Absumit, quantum potus ingesserit almi.

C, L

XXII] C; *numerus deest L.* DE AGRIMONIA *L, om. C.* 359 Hic] *Litt. grandiorem* H *exhibet L.* 364 calibs C. XXIII] C; *numerus deest L.* DE AMBROSIA *L; om. C.* 369 Haud] *Litt. grandiorem* H *exhibent C, L.* Haut *L.* quam uulgo *L.*

Glossae et scholia:

359 sarcocolam] agrimoniam, quia sarculo colitur *L.*

360 effetis] spissis *L.*

XXII ODERMENNIG (Abb. 24)

Leicht erkennt man allhier, in Reihen zierlich geordnet,
Odermennig, der üppig die Fluren ringsum bekleidet
Und in dem kärglichen Dunkel der Wälder gedeiht und sich findet.
Mannigfach ehrt ihn der Ruf seiner heilsamen Kräfte, besonders
Zähmt er, zerrieben getrunken, die scheußlichen Schmerzen des Magens.
Hat ein feindliches Schwert uns einmal am Körper verwundet,
Rät man uns wohl, zu seinem Beistand Zuflucht zu nehmen,
Aufzulegen der offenen Stelle zerstoßene Keime,
Um durch dieses Verfahren Gesundheit wieder zu finden,
Wenn der Umschlag dazu noch mit beißendem Essig getränkt wird.

XXIII AMBROSIA

Nicht weit davon erhebt sich Ambrosia, wie sie gewöhnlich
Heißet. Man lobt sie zwar sehr; aber manche bezweifeln doch, ob es
Jene Ambrosia sei, die die Bücher der Alten so häufig
Nennen. Gleichwohl verwenden in ihrem Berufe die Ärzte
Sie als Arznei: sie entzieht, als Mittel getrunken, dem Körper
So viel Blut, wie sie Säfte ihm heilsam wiederum zuführt.

Abb. 24 Gewöhnlicher Odermennig, «der üppig die Fluren ringsum bekleidet» (v. 360).

XXIV NEPETA

Herbarum in numero, quas hortulus ille recenti
Semper prole creat, nepetae non segnior exit
Surculus, urticam foliis simulantibus , alto
Vertice praegratum late largitus odorem.
Haec variis olim morborum accommoda curis
Non extrema alias inter decernitur herbas.
Huius enim sucus roseo commixtus olivo
Efficit unguentum, laesae quod vulnera carnis
Atque cicatricum deformia signa novarum
Posse abolere aiunt prisco et reparare nitori
Et revocare pilos, plagae quos forte recentis
Pestis hiulca tulit, sanie taboque peresos.

XXV RAFANUM

Hic rafanum radice potens latoque comarum
Tegmine sublatum extremus facit ordo videri.

C, L

XXIV] XXIIII *C*; *numerus deest L.* DE NEPETA *L*; *om. C.* 375 Herbarum] *Litt. grandiorem* H *exhibent C, L.* 378 latę *L.* 381 roseo *corr. ex* roreo *C.* 386 saniae *C.* peręsos *L.* XXV] *C*; *numerus deest L.* DE RAFANO *L*; *om. C.* 387 Hic] *Litt. grandiorem* H *exhibent C, L.* rafinum *C.*

XXIV KATZENMINZE (Abb. 25)

Katzenminze, das muntere Pflänzchen, gehört zu den Kräutern,
Die unser Gärtchen in stets erneuertem Nachwuchs hervorbringt.
Mit den Blättern gleicht sie der Nessel, und hoch an der Spitze
Spendet weithin die Blüte die angenehmsten Gerüche.
Sie, die längst der Behandlung verschiedener Krankheiten diente,
Wird in der Reihe der Pflanzen gewiß nicht als letzte gewertet.
Denn mit dem Öl der Rose vermischt, gibt der Saft eine Salbe,
Die, wie man sagt, vermöge, Verletzungswunden des Fleisches
Und die entstellenden Spuren der eben verheilenden Narben
Gänzlich zu tilgen, der Haut ihre frühere Schönheit zu geben
Und neues Haar für das, das manchmal die klaffende frische
Wunde übel durch Gift und Eiter gänzlich zerstört hat.

XXV RETTICH (Abb. 26)

Hier der Rettich mit mächtiger Wurzel und von seiner Blätter
Breitem Dach überhöht, ist im letzten der Beete zu sehen.

Abb. 25 «Katzenminze, das muntere Pflänzchen ...» (v. 375). Echte Katzenminze

Cuius amara satis quatientem viscera tussim
Mansa premit radix, triti quoque seminis haustus
Eiusdem vitio pestis persaepe medetur.

XXVI ROSA

Iam nisi me fessum via longior indupediret
Scrupeus atque novi terreret carminis ordo,
Debueram viburna rosae pretiosa metallo
Pactoli et niveis Arabum circumdare gemmis.
Haec quia non Tyrio Germania tinguitur ostro,
Lata nec ardenti se Gallia murice iactat,
Lutea purpurei reparat crementa quotannis
Ubertim floris, tantum qui protinus omnes
Herbarum vicisse comas virtute et odore
Dicitur, ut merito florum flos esse feratur.

C, *L*

391 uidetur C. XXVI] C; *numerus deest L.* DE ROSA *L*; *om. C.* 392 Iam] *Litt. grandiorem* I *exhibent C, L.*

Ziemlich scharf ist die Wurzel, gegessen besänftigt sie aber
Husten, der dich erschüttert, und Trank aus zerriebenen Samen
Heilet gar oft das Leiden derselben verderblichen Krankheit.

XXVI ROSE (Abb. 27) (und Lilie)

Wäre ich nicht zu müde, den Weg noch weiter zu wandern,
Schreckte mich nicht der beschwerliche Bau eines neuen Gedichtes,
Müßte die köstlichen Sträucher der Rose ich mit des Pactolus[*]
Gold und der Araber schimmerndem Edelgestein nun umkleiden.
Weil Germanien tyrischen Purpurs entbehrt, und das weite
Gallien nicht der leuchtenden Purpurschnecke sich rühmet,
Schenkt zum Ersatz die Rose alljährlich üppig goldgelben
Flor ihrer purpurnen Blüte, die allen Schmuck der Gewächse
Alsbald an Kraft und Duft, wie man sagt, so weit überstrahlte,
Daß man mit Recht als die Blume der Blumen sie hält und erkläret.

* Fluß in Lydien, der goldhaltigen Sand führte.

Abb. 26 Garten-Rettich, «mit mächtiger Wurzel und von seiner Blätter breitem Dach überhöht» (v. 387sq.).

Inficit hic oleum proprio de nomine dictum,
Quod quam saepe fuat mortalibus utile curis,
Nec meminisse potest hominum nec dicere quisquam.
Huic famosa suos opponunt lilia flores,
Longius horum etiam spirans odor imbuit auras,
Sed si quis nivei candentia germina fructus
Triverit, aspersi mirabitur ilicet omnem
Nectaris ille fidem celeri periisse meatu.
Hoc quia virginitas fama subnixa beata
Flore nitet, quam si nullus labor exagitarit,
Sordis et inliciti non fregerit ardor amoris,
Flagrat odore suo. Porro si gloria pessum
Integritatis eat, foetor mutabit odorem.
Haec duo namque probabilium genera inclyta florum
Ecclesiae summas signant per saecula palmas,
Sanguine martyrii carpit quae dona rosarum,

C, H (v. 404–406), L

403 fiat *L.* 411 (*in marg.*) id est manus tua *L.* 412 illiciti *L.* 414 erat faetor *L.* 416 Aecclesiae *L.*

Sie erzeuget ein Öl, das nach ihrem Namen genannt wird,
Wie oft dieses zum Segen der Sterblichen nützlich sich zeiget, –
Keiner der Menschen vermag es zu wissen oder zu sagen.
Ihr zur Seite, bekannt und geehrt, stehn der Lilien Blüten,
Deren wehender Duft noch weiter die Lüfte durchtränket.
Wenn aber einer zerquetscht das glänzende Fleisch ihrer weißen
Frucht, so wird er verwundert bemerken, daß wie verflogen
Alsbald entschwindet jeder Gedanke an lieblichen Nektar.
Reinheit der Jungfrau, selig gepriesen, strahlt aus der Blume;
Dann nur leuchtet sie duftend, wenn Not der Sünde ihr fernbleibt,
Wenn unheiliger Liebe Begier ihre Blüte nicht knicket.
Gehet jedoch ihrer Unberührtheit Kleinod verloren,
Werden in üblen Gestank sich die holden Düfte verwandeln.
Denn diese beiden Blumen, berühmt und gepriesen, sind Sinnbild
Seit Jahrhunderten schon der höchsten Ehren der Kirche,
Die im Blut des Martyriums pflückt die Geschenke der Rose

Abb. 27 «Weil Germanien tyrischen Purpurs entbehrt, … / schenkt zum Ersatz die Rose alljährlich üppig goldgelben / Flor ihrer purpurnen Blüte» (v. 396, 398sq.). Essig-Rose

Liliaque in fidei gestat candore nitentis.
O mater virgo, fecundo germine mater,
Virgo fide intacta, sponsi de nomine sponsa,
Sponsa, columba, domus, regina, fidelis amica,
Bello carpe rosas, laeta arripe lilia pace!
Flos tibi sceptrigero venit generamine Iesse,
Unicus antiquae reparator stirpis et auctor,
Lilia qui verbis vitaque dicavit amoena
Morte rosas tinguens, pacemque et proelia membris
Liquit in orbe suis, virtutem amplexus utramque
Premiaque ambobus servans aeterna triumphis.

XXVII COMMENDATIO OPUSCULI

Haec tibi servitii munuscula vilia parvi
Strabo tuus, Grimalde pater doctissime, servus
Pectore devoto nullius ponderis offert,
Ut – cum consepto vilis consederis horti
Subter opacatas frondenti vertice malos,
Persicus imparibus crines ubi dividit umbris,
Dum tibi cana legunt tenera lanugine poma
Ludentes pueri, scola laetabunda tuorum,
Atque volis ingentia mala capacibus indunt
Grandia conantes includere corpora palmis –
Quo moneare habeas nostri, pater alme, laboris,
Dum relegis, quae dedo volens, interque legendum
Ut vitiosa seces, deposco, placentia firmes.
Te deus aeterna faciat virtute virentem
Inmarcescibilis palmam comprendere vitae:
Hoc pater, hoc natus, hoc spiritus annuat almus.

EXPLICIT. HABET VERSUS CCCCXLIIII.

C, H (inde a v. 438), L

---

419 fęcundo *L.* 420 Virgo] *ita C, L.* 425 amoena *corr. ex* amoenia *C.* 427 Liquet *L.* uirtutemque *L.* XXVII] *C; numerus deest L.* COMMENDATIO OPUSCULI *L; om. C.* 429 Haec] *Litt. grandiorem* H *exhibent C, L.* seruicii *L.* 432 vilis] *ita C, L;* viridis *coni. Vadianus et editores nonnulli.* 434 inparibus *L.* 441 viciosa *L.* 443 Immarcescibilis *C.* comprehendere *C,* compendere *H.* Explicit . . .] *C, H; deest L.*

Und die Lilien trägt im Glanze des strahlenden Glaubens.
Mutter und Jungfrau bist du: Mutter mit fruchtbarem Reise,
Jungfrau im Glauben ohn' Makel, du Braut nach des Bräutigams [Namen,
Braut und Taube, du Hort, du Herrin, verläßliche Freundin,
Pflücke Rosen im Krieg und brich frohe Lilien im Frieden.
Aus dem Königsstamm Jesse ist dir eine Blüte entsprossen,
Retter und Schöpfer allein des erneuerten alten Geschlechtes.
Er hat die lieblichen Lilien geweiht durch sein Wort und sein Leben,
Färbend im Tode die Rosen, hat Frieden und Kampf seinen Jüngern
Auf dieser Erde gelassen, die Tugenden beider verbindend,
Beiden Siegen verheißend die Krone des ewigen Lohnes.

XXVII ZUEIGNUNG DES KLEINEN WERKS

Dir, geehrtester Vater Grimaldus, widmet dein Diener
Strabo ergebenen Sinns den Tribut dieser kleinen Geschenke,
Ohne Gewicht und Anspruch und nur von bescheidenem Nutzen.
Wenn du einmal verweilst im Geheg deines einfachen Gartens,
Unter dem laubreichen Wipfel der schattigen Obstbäume sitzend,
Wo der Pfirsich mit ungleichen Schatten die Strahlen zerstreuet,
Während die spielenden Knaben, die fröhliche Jungschar der Deinen,
Dir die weißlichen Früchte mit zarter, flaumiger Schale
Sammeln und fassen mit breiter Höhlung der Hände die großen
Äpfel, versuchend, mit Fingern die Kugeln ganz zu umspannen –,
Dann, mein gütiger Vater, gedenke unserer Arbeit,
Während du liesest, was ich dir freudig verehre, und tilge
Bitte beim Lesen die Fehler, und was dir gefällt, anerkenne.
Lasse dich Gott, in ewiger Tugend kräftig bestehend,
Selig gewinnen die Palme des unvergänglichen Lebens:
Dies gewähre der Vater, der Sohn und der Geist dir in Gnaden.

ENDE. DAS GEDICHT UMFASST 444 VERSE.

EIN GÄRTCHEN NACH MASS

von
Wolfgang Fels

Daß Walahfrid in seinem *Hortulus* den Garten beschreibt, der vor seiner eigenen Wohnung liegt, wird kaum angezweifelt. In seinem Garten wachsen Nutzpflanzen, Kräuter und Blumen. Die Angaben allerdings, die der Autor von der Anlage seines Gartens macht, sind spärlich und ungenau. Es bedarf einer geradezu akribischen Textauslegung, will man ein einigermaßen anschauliches Bild von diesem Gärtchen gewinnen. Eines scheint gewiß: Der Garten liegt direkt vor der Tür des dichtenden Mönchs (*pro foribus mihi parva patenti / area vestibulo* v. 32sq.) und wegen der ebenerdigen Lage der Wohnung eher nicht in einem Kloster. Womöglich wird eine brachliegende Stelle zwischen zwei im rechten Winkel aneinander stoßenden Gebäuden oder Mauerflächen als Gartengrundstück genutzt. Das in v. 63sq. genannte hohe Dach (*sub alto / … tecto*), das einem Teil des Gartens den Regen vorenthält, wird sich auf der Seite der Zugangstür vom Haus aus befinden. Es soll den Ein- und Ausgehenden vor eventuellen Regengüssen schützen und überspannt vielleicht auch eine Ruhebank.

Der Garten ist klein, was an verschiedenen Stellen mit unterschiedlichen Worten ausdrücklich hervorgehoben wird: *atriolum* / kleiner Innenraum v. 32, *parva area* / kleiner Freiplatz, kleines Feld v. 32sq., *campus parvus* / kleines Feld v. 34, *areola* / kleiner freier Platz v. 47 und 63, *parvus hortus* / kleiner Garten v. 230, *hortulus* / Gärtchen v. 375. Das Gärtchen wird als *vestibulum* v. 33, Vorplatz, bezeichnet, was bedeuten kann, daß die Wohnung durch den Garten zu erreichen ist, was wiederum heißt, daß das Gartengeviert für die Bewirtschaftung noch einen zweiten Zugang besitzt. Auf welcher Seite liegt diese Gartentür? Da das Gärtchen von der Haustür aus nach Osten schaut (*solis … ad ortum* v. 33) und rechts, also auf der Südseite von einer hohen Ziegelmauer (zwei Meter können als hoch gelten) gesäumt wird (*paries … celsior … lateris … duri* v. 66 und 67), deren Schattenwurf – er schwankt bei einer angenommenen Mauerhöhe von zwei Metern zwischen 220 und 90 Zentimetern von Frühlings- bis Sommeranfang – sich auf Teile des Areals auswirkt, bieten sich nur die Ost- oder Nordseite als weitere Zugangsseite an.

Abb. 28 Walahfrids Gärtchen. Zeichnung: Francisca Vera Garcia. So ließe sich das Gärtchen in seinen Konturen ungefähr denken.

Wahrscheinlich wird der Garten auf der östlichen Seite durch einen zweiten Einlaß betreten. Das hatte einen Vorteil für den Bewohner. Es entfielen Überraschungsbesuche, ein möglicher Besucher war schon beim Betreten des Gartens sofort und geradewegs zu sehen und kam auf dem Mittelgang zwischen den Beeten auf die Wohnungstür zu. Während an der West- und Südseite Mauern das Gartenreich begrenzen, wird an der Nord- und Ostseite ein Holz- oder Heckenzaun den Garten vom übrigen Terrain abgetrennt haben. Damit die Bezeichnung *atriolum*, was auch mit kleiner Halle übersetzt werden kann, ihre Berechtigung hat, dürften diese Zäune nicht zu niedrig gewesen sein. Jedenfalls muss der Garten wegen der darin vorkommenden Maulwürfe (*talpae* v. 44) eine Verbindung zu anderen offenen Erdflächen gehabt haben, d. h., nicht alles kann ummauert gewesen sein.

Wie groß war der kleine Garten? Wie war er unterteilt? Walahfrid schweigt sich hierüber weitgehend aus. Lediglich aus der Anzahl der angebauten Pflanzen und dem St. Galler Klosterplan mit seinem Modellcharakter für mittelalterliche Gartenanlagen lassen sich Rückschlüsse ziehen. In St. Gallen mißt der Kräutergarten etwa 13 × 10 Meter, ist rechteckig und mit sechzehn durch Wege abgetrennten rechteckigen Beeten bestückt, von denen acht in der Mitte und acht an den Seiten entlang liegen. Wegen der besonderen Lage von Walahfrids Garten (staubtrockene und regen- und taufreie Teile, zwei Seiten ohne lückenlosen Schutz vor diebischen Mitmenschen) und wegen der geringen Größe (wahrscheinlich unter den Maßen in St. Gallen), kann man davon ausgehen, daß es keine Seitenbeete gab, dafür aber Wege entlang den Seiten.

In Walahfrids Gärtchen wachsen 24 Pflanzenarten. Wenn Walahfrid ebenfalls acht Mittelbeete hatte, die für eine bequeme Bearbeitung mit Brettern viereckig (quadratisch?) eingefaßt waren (*lignis ... quadris* v. 47) und auch etwas erhöht lagen (*altius a plano* v. 48), ergäbe das exakt gerechnet für jedes Beet drei Pflanzen. Es ist unwahrscheinlich, daß ein solcher Privatgarten jeder Pflanze ein ganzes Beet zur Verfügung stellte. Was sollte ein einzelner mit einem ganzen Beet Liebstöckel anfangen? Ein Beet von mäßiger Größe wird also mehrere Pflanzen aufgenommen haben. Auch der hochrankende und damit horizontal weniger Platz einnehmende Kürbis und das am Boden breit wuchernde Melonenkraut können sich gut ein Beet teilen.

Wo aber wuchsen in diesem Gärtchen die einzelnen Kräuter und Stauden? Im Text finden sich dazu nur wenige genauere Angaben. Am Anfang des Gartens, also unmittelbar vor der Wohnungstür wächst der sonnenhungrige Salbei (*prima ... fronte locorum* v. 76). Wenn es einen Mittelweg zwischen den Beeten (*locus*) gab, was anzunehmen ist, so wird das Salbei-Beet links der Wohnungstür auf der sonnenbeschienenen Nordseite gelegen haben. Mit ihr zusammen steht die Raute im Beet, denn es heißt, sie belebe den schattigen (Salbei-) Hain (*hoc nemus umbriferum* v. 83). Damit erfahren wir aber auch, daß Walahfrid mehrere Salbeistauden besaß, die geradezu ein Wäldchen bildeten. «Und nicht weniger gleich zur Hand» (*nec minus ... promptum est* v. 91), also nicht weit weg steht die Eberraute, d. h., auch sie wächst im ersten Beet. Alle drei Gewächse lieben es trocken. Vielleicht wirkt sich an ihrem wohnhausnahen Standort noch das oben erwähnte Regendach aus, das geradezu staubende Trockenheit hervorruft (*squalet* v. 65).

Zwar wird für den Kürbis keine Beetangabe gemacht, doch wird er in dem zweiten Beet links des Eingangs zu suchen sein, denn hier hat er die Südsonne und erst ab Spätnachmittag Schatten; außerdem nimmt er an dem zum Ranken benötigten Klettergerüst (*diligit appositas, sua sustentacula, furcas* v. 113) an der Gartennordseite anderen Pflanzen kein Licht weg. Wenn die nördliche Gartenseite aus einem irgendwie durchlässig gearteten Material bestand, zum Beispiel aus einem Weidengeflecht, oder einer Hecke, wäre ein Weg entlang der Umzäunung günstig, der das Durchgreifen auf die entfernt auf dem Spalier wachsenden Kürbisse erschwert hätte. Auf dem gleichen Beet (*hoc simul in spatio* v. 152) werden auch, wie schon gesagt, Melonen gezogen. Das nächste, das dritte Beet besetzt der Wermut (*proximus absinthi ... locus* v. 181), und daneben (*iuxta* v. 197) steht der Andorn (*Marrubium* v. 198). Auch der Fenchel (*Foeniculum*, *Maratrum* v. 208), von dem Walahfrid keine Standortangabe macht, ist wohl in diesem dritten Beet zu denken. Die folgenden aufgezählten Blumen und Pflanzen müssen im letzten Beet dieser Gartenhälfte wachsen: Schwertlilie (*Gladiola ... te ... de gladii nomen* v. 217sq.), Liebstöckel (*Lybisticum* v. 229) und Kerbel (*Cerfolium*, *Macedonia* v. 239). Damit haben wir uns der östlichen Begrenzung genähert, wo wahrscheinlich an der Einfriedung (Flechtzaun?) Lilien (*Lilia* v. 248–261) duften, denen Rosen (*Rosa* v. 394) gegenüberstehen. Das könnte bedeuten, daß Lilien und Rosen links und rechts der östlichen Eingangstür ein Platz zugewiesen ist. Dort haben sie fast den ganzen Tag über das von ihnen geliebte Licht.

Mit v. 262 wendet sich der Gartenbesitzer den Beeten zu, die von der Haustür aus rechts gelegen sind. Die Formulierung: *In parte ... hac* (v. 262 und 263) ist wohl auf den Gartenteil rechts von der Wohnung aus gesehen bezogen: hier neben unsrer Tür. Hier also, auf dem ersten Beet rechts, wächst der einen sonnigen Standort liebende Schlafmohn (*Cereale ... papaver* v. 262). Im gleichen Beet (*hic* v. 275), dem Salbei auf der anderen Seite des Mittelgangs nahe, steht der Muskatellersalbei (*Sclarega* v. 275). Wegen seiner geringen Bedeutung als Heilmittel ist diesem Salbei auch noch die Frauenminze (*Costus* v. 281) zur Seite gestellt (*iuxta* v. 281), bevor im nächsten Beet verschiedene Minzarten folgen: die gewöhnliche Minze (*Menta* v. 284) mit ihren Unterarten (v. 290 und 295) und die Poleiminze (*Puleium* v. 301). Sie lieben den kräftigen Wasserguß. Ohne daß wir weitere Hinweise erhalten, müssen wir wohl im dritten Beet rechts Sellerie (*Apium* v. 327), Betonie (*Vettonica* v. 338) und Odermennig (*Agrimonia* v. 359) vermuten. Einzig der Odermennig erhält eine ungenaue Standortsangabe: hier (*hic* v. 359).

Nicht weit weg davon (*haud procul* v. 369), also ganz nah wächst ein Kraut, das mit *Ambrosia* (v. 369) bezeichnet wird, dessen Identität aber bis heute nicht eindeutig geklärt ist und auch nichts mit der Pflanze zu tun hat, die im Sommer 2006 als invasive Pflanze die deutsche Presse beschäftigte.

Wenn Walahfrid bei der Katzenminze (*Nepeta*) beinahe weitschweifig ausholt, die Vielzahl seiner Kräuter hervorhebt (*herbarum in numero* v. 375), ihr beständiges Nachwachsen (*recenti / semper prole creat* v. 375sq.) preist – was auch bei den Kräutern das «Ernten» andeutet – und von *hortulus ille* (v. 375), von «diesem hier beschriebenen Gärtchen», spricht, dann ist anzunehmen, daß er beim letzten Beet angekommen ist. Daß es das letzte Beet ist, auf dem der Rettich (*Rafanum* v. 387) sein mächtiges Blätterdach ausbreitet, darauf verweist der Ausdruck «letzte Reihe» (*extremus ordo* v. 388). Dem Rettich als nahrhaftem Gemüse wurde im letzten Beet sicher ein wenig mehr Platz eingeräumt. Er muß sich sein Beet nur mit einer Pflanze, eben der Katzenminze mit den blauen Blüten, teilen. Blüh- und Erntezeiten werden übrigens im *Hortulus* nicht mitgeteilt. Als allerletztes Gewächs nennt der Autor Rosensträucher, von denen schon im Zusammenhang mit der Lilie die Rede war. Beide Blumen, die uralten Sinnbilder von Martyrium (Rose, v. 417) und Glaube und Jungfräulichkeit (Lilie, v. 418), stehen am Ende des Gartens (wahrscheinlich an der Einfriedung), dessen zweiter Eingang gen Osten liegt, also in Richtung des Paradieses weist.

An diesem Punkt angelangt erweckt der Autor und Besitzer des *hortulus* den Eindruck, als habe er das ganze Gärtchen «durchwandert» und sei jetzt zu müde (*me fessum* v. 392), weitere Unternehmungen zu starten. Er endet seine Beschreibung. Was folgt, ist eine Widmung. Die Zueignungsverse (429–438) machen bewußt, daß in Walahfrids Garten im Gegensatz zum Obstgarten des Bewidmeten keine Bäume stehen. Walahfrids Garten ist halt nur ein Gärtchen, das heilt, nährt und duftet.

VERZEICHNIS DER NAMEN IM HORTULUS
(Die Zahlen verweisen auf die Verse)

BIBLIOGRAPHIE

G. Albertoni, «Estirpare ortiche, coltivare salvia, gigli e rose. L'orto politico e morale di Valafrido Strabone», in *A banchetto con gli amici*, (Festschrift Massimo Montanari) Rom 2021, p. 301–310.

G. Barabino, «Le fonti classiche dell'Hortulus di Valafrido Strabone», in *I classici nel medioevo e nell'umanesimo*, (Pubblicazione dell'Istituto di filologia classica e medievale 42) Genua 1975, p. 175–288.

J. Berendes, «Hortulus Walafridi Strabi. Das Gärtchen des Walafridus Strabus, ein ehrwürdiges Denkmal des Arznei-Gartenbaues aus dem 9. Jahrhundert», Sonderdruck aus *Pharmazeutische Post* 41, 1908.

R. Bergmann / S. Stricker, *Katalog der althochdeutschen und altsächsischen Glossenhandschriften*, Berlin/New York 2005.

W. Berschin, «Karolingische Gartenkonzepte», *Freiburger Diözesan-Archiv* 104, 1984, p. 5–18.

–, *Biographie und Epochenstil im lateinischen Mittelalter* t. 3: Karolingische Biographie 750–920 n. Chr., Stuttgart [2]2020.

–, *Walahfrid Strabo und die Reichenau*, (Spuren 49) Marbach a. N. 2000.
–, «Der St. Galler Klosterplan als Literaturdenkmal», *Mittellateinische Studien* ‹t. 1›, Heidelberg 2005, p. 127–156.
–, «Die Schule der Reichenau», ib., p. 229–235.
–, *Eremus und Insula*. St. Gallen und die Reichenau im Mittelalter – Modell einer lateinischen Literaturlandschaft, Wiesbaden [2]2005.
–, «Karl der Kahle als Herzog von Alemannien (829–833). Die Spur der Literatur», *Mittellateinische Studien* t. 3, Heidelberg 2017, p. 79–83.
– / T. Licht, «Metrorum iure peritus. Walahfrid Strabo als Metriklehrer», *Mittellateinische Studien* t. 3, Heidelberg 2017, p. 109–124.
B. Bischoff, «Eine Sammelhandschrift Walahfrid Strabos (Cod. Sangall. 878)», *Mittelalterliche Studien* t. 2, Stuttgart 1967, p. 34–51.
C. Cigni, «Il liber de cultura hortorum di Valafrido Strabone nella tradizione glossografica tedesca antica: il manoscritto Leipzig, Universitätsbibliothek, Rep. I. 53», in M. Billi (ed.), *Giardini*, (Studi Anglo-Germanici 1) Viterbo 2000, p. 71–111.
–, «Volkssprachige und lateinische Glossierung zu Walahfrid Strabos Liber de cultura hortorum», in R. Bergmann / E. Glaser etc. (edd.), *Mittelalterliche volkssprachige Glossen*, Heidelberg 2001, p. 453–473 (p. 466 z. T. wörtlich aus *Freiburger Diözesan-Archiv* 104, 1984, p. 16 ohne Quellenangabe).
Der karolingische Klosterplan von St. Gallen (facs.), St. Gallen [2]1983.
B. Epple / W. Berschin, *Walahfrid Strabos Lob der Reichenau*, Friedrichshafen [2]2001.
I. Fees, «War Walahfrid der Lehrer und Erzieher Karls des Kahlen?», in *Studien zur Geschichte des Mittelalters*, (Festschrift Jürgen Petersohn) Stuttgart 2000, p. 42–61.
C. Genewein, *Des Walafrid Strabo von der Reichenau Hortulus und seine Pflanzen*, Diss. med. München 1947 (MS).
M. Goullet, «L'imaginaire du jardin monastique. L'Hortulus de Walafrid Strabon», *PRIS-MA* 26, 2010, p. 43–73.
H. Haffter, «Walahfrid Strabo und Vergil», *Schweizer Beiträge zur Allgemeinen Geschichte* 16, 1958, p. 221–228 (wieder in H. Haffter, *Et in Arcadia ego*, Baden/Schweiz 1981, p. 182–189).
H. Knittel, *Heito und Walahfrid Strabo: Visio Wettini*, (RTB 12) Heidelberg [3]2009.
–, «Ein Frühwerk von Walahfrid Strabo: De subversione Hierusalem», *Mittellateinisches Jahrbuch* 41, 2006, p. 357–400.
K. Langosch / B. K. Vollmann, Art. Walahfrid Strabo, *Verfasserlexikon*. Die deutsche Literatur des Mittelalters t. 10, 1999, col. 584–603.
T. Licht, «Der Codex medicus Hertensis. Zu einer verlorenen Walahfridüberlieferung», in *Literatur in ihren kulturellen Räumen*, (Festschrift Hermann Wiegand) Heidelberg 2021, p. 77–89.
–, «Revisiting the Question of Walahfrid Strabo's Autograph. New Evidence and a New Conclusion», *The Journal of Medieval Latin* 32, 2022, p. 65–80.
W. Näf / M. Gabathuler, *Walahfrid Strabo: Hortulus*. Vom Gartenbau, St. Gallen [2]1957.
R. Payne / W. Blunt, *Walahfrid Strabo: Hortulus*, Pittsburgh, Pennsylvania 1966.
M. Pörnbacher, *Walahfrid Strabo: Zwei Legenden*. Blathmac, der Martyrer von Iona. Mammes, der christliche Orpheus, (RTB 7) Sigmaringen 1997; Heidelberg [2]2010.
F. A. Reuss, *Walafridi Strabi Hortulus*, Würzburg 1834.
C. Roccaro, *Walahfrid Strabone: Hortulus*, Palermo 1979.
O. Schönberger, *Walahfrid Strabo: De cultura hortorum*, Stuttgart 2002.
E. Steinmeyer / E. Sievers, *Die althochdeutschen Glossen* t. 2, Berlin 1882.
F. Stella, «Il lavoro carolingio. Valafrido Strabone e la coltivazione dei giardini», *Semicerchio* 48/49, 2013, p. 23–29.

H.-D. Stoffler, «Pflanzenpaare im Hortulus. Zur Gegenüberstellung von Pflanzen im Gedicht De cultura hortorum des Walahfrid Strabo», *Hegau* 57, 2000, p. 135–143.

–, *Der Hortulus des Walahfrid Strabo*. Aus dem Kräutergarten des Klosters Reichenau, Sigmaringen 1978; ^{6}2000.

K. Sudhoff, «Codex medicus Hertensis (Nr. 192). Handschriftenstudie», *Archiv für Geschichte der Medizin* 10, 1917, p. 265–313.

– / H. Marzell / E. Weil (edd. und facs.), *Strabi Galli Poetae et Theologi doctissimi ad Grimaldum coenobii S. Galli abbatem Hortulus* (ed. J. Vadian, Wien 1510) München 1926 (repr. Reichenau 1974).

B. Van Name Edwards, «Deuteronomy in the Ninth Century: The Unpublished Commentaries of Walahfrid Strabo and Haimo of Auxerre», in C. Chazelle / Van Name Edwards (edd.), *The Study of the Bible in the Carolingian Era*, Turnhout 2003, p. 97–113.

W. Verbaal, «Eros im Kräutergarten: eine spirituell-pädagogische Lektüre von Walahfrid Strabos Hortulus», *Sacris Erudiri* 43, 2004, p. 131–232.

B. K. Vollmann, «Ein neues Fragment von Walahfrid Strabos Gedicht De cultura hortorum», *Aevum* 79, 2005, p. 283–291.

VERZEICHNIS DER ZITIERTEN HANDSCHRIFTEN UND FRÜHDRUCKE

PFLANZENREGISTER

von
Claudia Erbar

(In Klammern stehen die modernen wissenschaftlichen Pflanzennamen. L. ist das standardisierte Kürzel für Linné)

Abrotanum (*Artemisia abrotanum* L.) Eberraute
Absinthium (*Artemisia absinthium* L.) Wermut
Agrimonia (*Agrimonia eupatoria* L.) Gewöhnlicher Odermennig
Ambrosia (*Achillea millefolium* L.) Schafgarbe oder (*Tanacetum vulgare* L.) Rainfarn
Apium (*Apium graveolens* L.) Echter Sellerie, Eppich
Cerefolium (*Anthriscus cerefolium* (L.) G. F. Hoffmann) Garten-Kerbel
Costus hortensis (*Tanacetum balsamita* L. = *Chrysanthemum balsamita* L. = *Balsamita maior* R. Desfontaines) Frauenminze, Marienblatt, Frauenblatt, Balsamkraut
Cucurbita (*Lagenaria vulgaris* N. Ch. Seringe) Flaschenkürbis
Foeniculum (*Foeniculum vulgare* Philip Miller) Echter Fenchel
Gladiola (*Iris germanica* L.) Schwertlilie
Lelifagus (*Salvia officinalis* L.) Echter Salbei
Lilium (*Lilium candidum* L.) Madonnen-Lilie
Lybisticum (*Levisticum officinale* Koch) Liebstöckel
Marrubium (*Marrubium vulgare* L.) Andorn
Menta (z. B. *Mentha longifolia* W. Hudson) Roß-Minze
Nepeta (*Nepeta cataria* L.) Echte Katzenminze
Papaver (*Papaver somniferum* L.) Schlaf-Mohn
Pepo (*Cucumis melo* L.) Melone
Puleium (*Mentha pulegium* L.) Polei-Minze
Rafanum (*Raphanus sativus* L.) Garten-Rettich
Rosa (*Rosa gallica* L.) Essig-Rose
Ruta (*Ruta graveolens* L.) Wein-Raute
Sclarega (*Salvia sclarea* L.) Muskateller-Salbei
Vettonica (*Betonica officinalis* L. = *Stachys officinalis* (L.) V. B. A. Trevisan Di San Leon) Betonie, Heilziest, Echter Ziest

NACHWORT ZUR 3. AUFLAGE

von
Tino Licht

Seit der zweiten Auflage von 2010 sind drei neue Textzeugen **E**, **H** und **U** bekanntgeworden. Obwohl die textkritische Ausbeute gering ist, ergänzen sie unser Bild von der Rezeption und Überlieferung des *Hortulus* erheblich. Der verlorene «Codex Hertensis» **H**, der nur noch durch Abbildungen und Beobachtungen von K. Sudhoff rekonstruiert werden kann, war im hinteren Teil, in dem auch der *Hortulus* stand, in oder um Trier im XII. Jahrhundert abgeschrieben worden und gehörte später wohl der Abtei Brauweiler. Er hatte einen Rest Entstehungszusammenhang bewahrt, denn Walahfrids Text folgte unmittelbar auf sein Vorbildwerk, den *Liber medicinalis* des Quintus Serenus. Nach F. Vollmer, «Nachträge zur Ausgabe von Q. Sereni liber medicinalis», Philologus 75, 1918, p. 128–133, hier p. 129 las man im Text des *Liber medicinalis* v. 791 in **H** die seltene Variante *calibs*, die Walahfrid in v. 364 zitiert hat. Authentisch war auch die eingetragene Prüfzahl (Stichometrie) *Habet versus CCCCXLIIII*, die **H** mit der ältesten, um 850 in Fulda entstandenen Handschrift **C** verband.

Das Leidener Manuskript **E** wurde in der ersten Hälfte des XIV. (nicht der zweiten Hälfte des XIII.) Jahrhunderts im westdeutschen (?) Sprachraum geschrieben (Glossen). Es ist der jüngste Zeuge vor der Renaissance des *Hortulus* im Frühhumanismus und belegt eine segmentierte Rezeption. Der Abschnitt zum Fenchel wurde unter Weglassen eines Verses und mit Abschreibefehlern, die nicht alle dokumentationswürdig sind, in ein Mischgedicht inseriert. Eine Lesart (*loquuntur* v. 211) ist signifikant genug, das Segment demselben Überlieferungszweig zuzuordnen, dem auch **H** zugehört. Legt man den Nachweis des mittelalterlichen Bibliothekskatalogs von Gorze (bei Metz) dazu, wonach das Kloster über zwei Heftchen des *Hortulus* verfügte, deutet sich ein lothringischer Überlieferungsschwerpunkt an.

Der auf das Jahr 1470 datierte Codex **U** in Lucca ist der mittlerweile dritte Zeuge einer Handschriftengruppe, die im ausgehenden XV. Jahrhundert mutmaßlich in Augsburg entstanden ist und direkt von **L** abgenommen wurde. Schreibgewohnheiten, die bei Sigismund Meisterlin zu beobachten sind, finden sich auch in **U** und könnten erklären, wie der Codex nach Lucca kam: Meisterlin pflegte Kontakte dorthin und war selbst am Ort. Auch wenn **U** als direkte Abschrift keinen textkritischen Anspruch erhebt, lohnte sich eine Kollation. Der schwierige v. 335, in dem man eine Präposition vor *lympha* erwartet hätte und in dem die gut dokumentierte Lesart *lībatur* aus prosodischen Bedenken unberücksichtigt bleiben muß, ist in **U** um eine Präposition ergänzt: *Mox apium a limpha tristique libatur aceto*. Wenn in dieser Ausgabe der Wortlaut *Mox apium lympha tristique bibatur aceto* trotz einer vergleichbaren Formulierung bei Quintus Serenus *Liber medicinalis* 447 (*in lympha*) beibehalten wurde, dann aus stilistischen Bedenken. Walahfrid neigt zum Weglassen von Präpositionen, weshalb z. B. in v. 90 *invasis* mit einem überschriebenen *ex* glossiert wurde.

Bei der Nacharbeit ist aufgefallen, wie viele seltene Vokabeln in Text und Glossen des *Hortulus* verarbeitet sind: das Wort *qualum* für Korb in v. 14, welches in **L** später zu *squalis* entstellt wurde, die Glosse *suri* zu *caules* in v. 86, auf welche schon B. K. Vollmann aufmerksam gemacht hat, das dem Drechslervokabular angehörende *mamfur* in v. 129, welches auch die Glosse nicht sicher erklärt, das Wort *camyrus* (= *camirus*) in v. 172, welches laut Glosse für *cameratus* 'gewölbt' steht. Einige dieser Wörter (*qualum, mamfur*, vielleicht auch *surus*) kann man der Wortliste entnehmen, die Paulus Diaconus († nach 796) aus Festus *De significatione verborum* exzerpiert und laut Vorrede für die Hofbibliothek Karls des Großen angelegt hat. Wir hätten neben dem *Liber medicinalis* des Quintus Serenus ein zweites, auf den Hofkontext weisendes Werk, das im *Hortulus* aufscheint. Wegen der generellen Neigung zu exquisitem Vokabular ist die Lesart *oxica* in Vers 90, die in **C** und **K** belegt ist und in der Glosse *id est acuta* in **L** indirekt aufscheint, in den Text übernommen worden. Weitere Textveränderungen (*fructus* v. 9, *Iacinctus* v. 222, *luxis* v. 261) und Präzisierungen der Übersetzung von W. Näf / M. Gabathuler sollen nicht eigens diskutiert werden. Die neue Auflage verdankt manche Anregung gemeinsamen Heidelberger Seminarsitzungen mit Johannes Büge, Elisa Petri, Alina Preis, Kirsten Wallenwein und erscheint rechtzeitig vor den Feierlichkeiten zum 1300jährigen Jubiläum der Abtei Reichenau. Dem *Hortulus* bleibt auch weiter zu wünschen, *ut ingenti res parvae ornentur honore*.

REICHENAUER TEXTE UND BILDER (RTB)

1 Walter Berschin / Theodor Klüppel, *Die Reichenauer Heiligblut-Reliquie*. Mit einem Geleitwort von Alfons Weisser, 3., erweiterte Auflage, Heidelberg 2015, 73 S. und 9 Abb., davon 8 in Farbe.

2 Walter Berschin / Theodor Klüppel, *Die Legende vom Reichenauer Kana-Krug*. Die Lebensbeschreibung des Griechen Symeon. Mit einem Beitrag von Alfons Weisser, Sigmaringen 1992, 52 S. und 7 Abb., davon 3 in Farbe.

3 Walter Berschin / Johannes Staub, *Die Taten des Abtes Witigowo von der Reichenau (985–997)*. Eine zeitgenössische Biographie von Purchart von der Reichenau, Sigmaringen 1992, 66 S. und 8 Abb., davon 4 in Farbe.

4 Walter Berschin / Theodor Klüppel, *Der Evangelist Markus auf der Reichenau*, Sigmaringen 1994, 89 S. und 10 Abb., davon 3 in Farbe.

5 Harald Drös, *Das Wappenbuch des Gallus Öhem*. Neu herausgegeben nach der Handschrift 15 der Universitätsbibliothek Freiburg. Mit einem Geleitwort von Walter Berschin, Sigmaringen 1994, 68 S. und 9 Abb. in Farbe.

6 Bernd Konrad / Barbara Frenk, *Heilige am Bodensee*. Der spätgotische Flügelaltar im Reichenauer Münster (1498). Mit einem Beitrag von Alfons Weisser, Heidelberg (in Vorb.).

7 Walahfrid Strabo: *Zwei Legenden*. Eingeleitet und herausgegeben von Mechthild Pörnbacher, Mit einem Geleitwort von Walter Berschin, 2., erweiterte Auflage, Heidelberg 2012, 124 S. und 9 Abb., davon 5 in Farbe.

8 Walter Berschin / Alfons Zettler, *Egino von Verona*. Der Gründer von Reichenau-Niederzell (799), Stuttgart 1999, 72 S. und 18 Abb., davon 9 in Farbe.

9 Richard Antoni, *Leben und Taten des Bischofs Pirmin*. Die karolingische Vita. Mit einem Geleitwort von Alfons Weisser, 2., erweiterte Auflage, Heidelberg 2005, 114 S. und 12 Abb., davon 8 in Farbe.

10 Bernd Konrad / Gertrud und Peter Weimar, *Die Renaissancefresken im spätgotischen Chor des Reichenauer Münsters*. Mit einem Nachwort von Walter Berschin, Stuttgart 2002, 112 S. und 19 Abb., davon 12 in Farbe.

11 Walter Berschin / Martin Hellmann, *Hermann der Lahme*. Gelehrter und Dichter (1013–1054), 3., erweiterte Auflage, Heidelberg 2013, 114 S. und 18 Abb., davon 5 in Farbe.

12 Heito und Walahfrid Strabo: *Visio Wettini*. Einführung, lateinisch-deutsche Ausgabe und Erläuterungen von Hermann Knittel. Mit einem Geleitwort von Walter Berschin, 3., erweiterte Auflage, Heidelberg 2009, 164 S. und 10 Abb., davon 6 in Farbe.

13 Walahfrid Strabo: *De cultura hortorum (Hortulus)*. Das Gedicht vom Gartenbau. Eingeleitet und herausgegeben von Walter Berschin unter Mitarbeit von Tino Licht. Mit Pflanzenbildern von Claudia Erbar und einem Beitrag von Wolfgang Fels, «Ein Gärtchen nach Maß», 3., erweiterte Auflage, Heidelberg 2023, 109 S. und 28 Abb., davon 25 in Farbe.

14 Hermann der Lahme: *Opusculum Herimanni (De octo vitiis principalibus)*. Eine Vers- und Lebensschule. Eingeleitet, herausgegeben und übersetzt von Bernhard Hollick, 2., verbesserte Auflage, Heidelberg 2016, 152 S. und 7 Abb., davon 3 in Farbe.

15 Walter Berschin unter Mitarbeit von Ulrich Kuder, *Reichenauer Wandmalerei 840–1120*. Goldbach – Reichenau-Oberzell St. Georg – Reichenau-Niederzell St. Peter und Paul, Heidelberg 2012, 96 S. und 42 Abb., davon 27 in Farbe.

16 Walahfrid Strabo: *De imagine Tetrici. Das Standbild des rußigen Dietrich*. Eingeleitet, herausgegeben, übersetzt und kommentiert von Tino Licht, Heidelberg 2020, 132 S. und 16 Abb. in Farbe.

Die Reihe wird fortgesetzt.